Hohlfeld, Kerstin; Ziebe, Oliver;
Potsdamer Geheimnisse – Spannendes aus der Stadt der Schlösser und Gärten mit Kennern der Heimatgeschichte

MÄRKISCHE ALLGEMEINE in Kooperation mit:
Bast Medien GmbH, St.-Ulrich-Straße 11, 88662 Überlingen (verantwortlich)
2. Auflage 2021
ISBN: 978-3-946581-79-6

Lektorat: Lena Bast
Bildredaktion: Melanie Kunze
Covergestaltung: Jarina Binnig, Cornelia Müller, Melanie Kunze
Layout: Homebase – Kommunikation & Design, Melanie Kunze
Satz: Melanie Kunze
Druck: Mohn Media Mohndruck GmbH, Gütersloh

Ein Titel der preisgekrönten Reihe *Geheimnisse der Heimat*

Inhalt

Vorwort

Liebe Leserinnen, liebe Leser,

Potsdam muss man einfach lieben. Die ehemalige Residenzstadt der preußischen Könige hat so viel zu bieten: prächtige Schlösser und Gärten, eingebettet in eine einzigartige Kulturlandschaft, idyllisch gelegen an der Havel und ihren Seen. Dazu jede Menge deutsche Geschichte und schöne Orte zum Bummeln und Verweilen.

Wer das erste Mal Brandenburgs Landeshauptstadt besucht, kommt an den Klassikern nicht vorbei: Sanssouci, Cecilienhof, Neuer Garten, Marmorpalais, Holländisches Viertel, Glienicker Brücke, Alter Markt, Museum Barberini … Jeder dieser Orte ist auf seine Art faszinierend und immer einen Besuch wert. In der Gesamtschau ergibt sich eine Erzählung, sie reicht von Friedrich dem Großen, der aus einer kargen Soldatenstadt einen architektonischen Sehnsuchtsort machte, über die Zeit der Weimarer Republik und den Nationalsozialismus hin zu deutscher Teilung und Kaltem Krieg bis ins heutige Potsdam, die wachsende Stadt in der expandierenden Hauptstadtregion.

Doch das ist nicht die ganze Geschichte. Denn es gibt ein Potsdam abseits der Touristenattraktionen. Ein stilles, verborgenes, zu entdeckendes Potsdam. Voller Rätsel, voller Geheimnisse. Wer ist eigentlich der Bewohner des Jagdhaues im Wildpark? Warum lag der einstige Hauptbahnhof am Stadtrand und nicht im Zentrum? Wer waren die russischen Besatzer in der Jägervorstadt? Was hat es mit dem Pfosten

193 am Geländer des Stadtkanals auf sich? Und warum blieb eine Tür eines altehrwürdigen Gymnasiums jahrzehntelang verschlossen?

Diesen und vielen anderen Fragen ist Kerstin Hohlfeld nachgegangen. Die Autorin hat Zeitzeugen gesucht und gefunden, war mit Forschern unterwegs, hat Künstlerinnen und Kirchenleute gesprochen. Herausgekommen ist ein faszinierendes Porträt einer Stadt, die mehr zu bieten hat als die bekannten Top-Attraktionen. Und in der übrigens auch viele mutige Frauen gewirkt haben – mehr jedenfalls, als die in der Geschichte dominierenden preußischen Männernamen vermuten lassen. Auch das dokumentiert dieser Band.

Die *Märkische Allgemeine*, Potsdams große Tageszeitung, hat ein Herz für die Stadt und ihre Bewohner. Wir sind nah dran, berichten täglich über das Geschehen in den Kiezen, begleiten den permanenten Wandel mit seinen Auswirkungen auf Wohnen, Verkehr, Kultur und Tourismus. Und wir suchen immer nach den besonderen Geschichten.

Deshalb haben wir dieses Projekt von Anfang an gerne unterstützt. Etwa mit Hinweisen, Kontakten und Geheimtipps unserer Reporterinnen und Reporter. Nun können Sie sich mit diesem Buch auf die Reise durch das weniger bekannte Potsdam begeben. Ich wünsche Ihnen viel Freude dabei. Am Ende werden auch Sie feststellen: Potsdam muss man einfach lieben.

Ihr

Henry Lohmar
Chefredakteur
Märkische Allgemeine Zeitung

Die Autoren

Kerstin Hohlfeld wurde in Magdeburg geboren, studierte Theologie in Naumburg und Berlin, verließ die Hauptstadt kurz vor dem Mauerfall, um kurz danach eilig in ihre Lieblingsstadt zurückzukehren und in verschiedenen Berufen, u.a. als Autorin von Romanen, zu arbeiten. Die Mutter von drei erwachsenen Kindern radelt, wandert und reist leidenschaftlich gern. Unterwegs zu sein bedeutet ihr viel: den Horizont zu erweitern, sich auf neue Perspektiven einzulassen und tief in Geschichten der Menschen vor Ort einzutauchen. Seit sie für Bast Medien schreibt, sind ihr auch Städte und Orte „vor ihrer Berliner Haustür“ so richtig ans Herz gewachsen. Vor Potsdam war sie bereits in Magdeburg und Erfurt unterwegs. Der besondere Reiz an der Geheimnissuche liegt für sie im engen Kontakt zu den Bewohnern. So lernt sie nicht nur die Städte selbst, sondern auch ihre Seele kennen.

Oliver Ziebe, 1963 in Alfeld/Leine geboren, absolvierte seine Ausbildung zum Fotografen beim Lette-Verein in Berlin. Seit Jahrzehnten fotografiert er für Fernsehsender und Filmproduktionen, für Museen und Künstler sowie für den Blinden- und Sehbehindertenverband. Ausstellungen wie „Die Wende wird volljährig“ im Jahr 2007, „20 Jahre Mauerfall“ oder „GeoArt – Namibwüste“ komplettieren sein kreatives und künstlerisches Schaffen. Den Reiz von Städten und Orten fotografisch einzufangen, ist seine Leidenschaft. Neben Stadtgeschichte begeistert ihn der Kontakt zu den Menschen, die vor seine Kamera treten – sei es nun eine Schauspielerin oder ein Stadtführer.

01

Verkehrszeichen

Spuren der Sowjetarmee

Hierzulande sind wir daran gewöhnt, dass sich Sprayer mehr oder auch weniger kunstvoll an Wänden austoben. Meist geht es dabei ziemlich wild zu, doch wer die sorgsam aufgepinselten Verkehrszeichen auf der Rückseite einer Mauer am Voltaireweg sieht, kommt ins Grübeln. Haben hier Graffiti-Künstler heimlich für ihre Führerschein-Prüfung geübt? Robert Leichsenring weiß, dass die Malereien schon existierten, als man in Potsdam noch keine Graffiti-Kunst kannte. „Wir befinden uns hier auf einem Gebiet, das zu DDR-Zeiten von der Sowjetarmee besetzt war", erzählt der Slawist, dem die Beschäftigung mit dem sowjetischen Erbe der Stadt gleichsam in die Wiege gelegt scheint: In der Straße, in der er aufwuchs, war der überwiegende Teil der Häuser von Zivilangestellten der in Potsdam stationierten Truppen bewohnt. „Die sowjetischen Kinder spielten oft auf der Straße genau wie wir, aber wir spielten nicht miteinander. Zum einen, weil wir uns nicht verständigen konnten, zum anderen, weil es auch nicht erwünscht war, dass Freundschaften entstanden." Eher warf man sich gegenseitig mal eine unreife Birne an den Kopf. Hohe Bretterzäune trennten die Grundstücke.

„Die sowjetischen Kinder spielten oft auf der Straße genau wie wir, aber wir spielten nicht miteinander."

Von den sogenannten Militärstädtchen (Военный городок – Wojennyj gorodok) gab es im gesamten Stadtgebiet eine Menge. Rund um die Jägerallee, wo heute ein Oberstufenzentrum, eine Bank und Bewohner in sehr sorgsam restaurierten historischen Gebäuden residieren, befand sich Städtchen Nummer 9A. Und was fast ein bisschen harmlos klingt, war in Wirklichkeit ein straff organisiertes, weitgehend unzugängliches Areal.

„Sie müssen sich vorstellen, dass bei Kriegsende rund 1,5 Millionen

Robert Leichsenring hat sich ausführlich mit der Geschichte der sowjetischen Streitkräfte in der DDR befasst.

sowjetische Soldaten in Deutschland waren“, erklärt Leichsenring. „Territorialer Schwerpunkt war die Region des heutigen Berlin-Brandenburg.“ Unter anderem im Zuge der Potsdamer Konferenz, vom 17. Juli bis 2. August 1945, mussten Militär und Delegierte samt Gefolge untergebracht werden. Dazu wurden Wohnhäuser beschlagnahmt und überall, wo die verfügbar waren, übernahm die Sowjetarmee bereits vorhandene militärisch genutzte Bauten. In der Jägervorstadt war es das Gebiet um die ehemalige Garde-Ulanen-Kaserne. „Natürlich sind nach und nach ein Teil der Soldaten wieder abgezogen worden“, weiß Robert Leichsenring und fährt fort: „Aber sie blieben im Stadtbild präsent und große Areale wurden von ihnen genutzt.“

Die ehemalige Garde-Ulanen-Kaserne sei der Standort des 260. Richtfunk-Bataillons der 119. Nachrichtenbrigade mit dem Decknamen „Archivist“ gewesen. „Im nördlichen Teil des Gebäudes samt Eingangstor war die sowjetische Mittelschule Nr. 3 untergebracht, vom militärischen Teil nur durch einen Bretterzaun getrennt. Außerdem gab es auf dem Gelände noch ein Militärgefängnis und den Fuhrpark mit LKWs.“ So wird verständlich, was es mit den Verkehrszeichen auf sich hat. „Die Soldaten, die hierherkamen, mussten mit den deutschen Verkehrsregeln vertraut gemacht werden“, erzählt Leichsenring, der auch als Stadtführer arbeitet. „Wenn sie einen Unfall bauten, was nicht selten geschah, unterlagen sie zwar der Gerichtsbarkeit der sowjetischen Truppen, aber dennoch wollte man das ja nicht riskieren.“

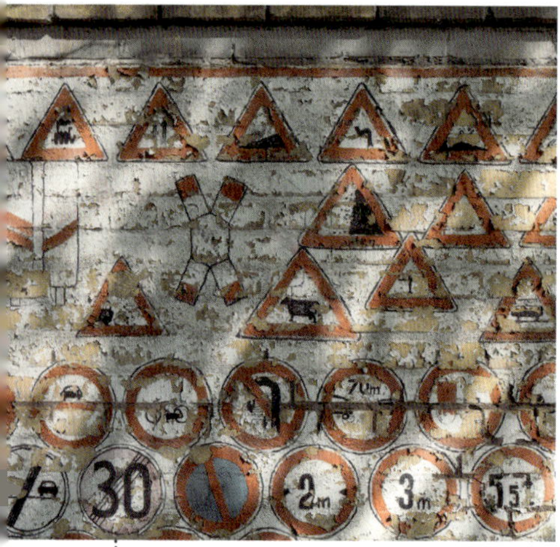

Die Verkehrszeichen an der Mauer geben Rätsel auf.

Beim Anblick der wohl aus einem DDR-Fahrschullehrbuch abgemalten Zeichen entsteht vor dem inneren Auge des Betrachters ein friedliches Bild von Soldaten, die sich – wahrscheinlich in Reih und Glied stehend – hier unterrichten ließen.

Tatsächlich war das Leben der einfachen Soldaten von Härte und nicht selten Grausamkeit gezeichnet. Die Wehrpflichtigen der GSSD-Gruppe der sowjetischen Streitkräfte in Deutschland – so der offizielle Name – dienten vor 1968 drei Jahre, ab dann zwei Jahre an ihrem Einsatzort. „Sie wurden, nachdem sie eingezogen worden waren, in Viehwaggons gesteckt und oft waren sie dann wochenlang unterwegs", erzählt Leichsenring. „Mit unbekanntem Ziel übrigens, und schon daran sieht man, dass ein Soldat nach seiner Einberufung rechtlos und zudem vollkommen der Macht des Kommandanten ausgeliefert war." Die Unterbringung erfolgte in Mannschaftsräumen für 50 bis 120 Männer. Sie durften nichts Privates besitzen, die Spinde waren winzig, die Betten nur 60 Zentimeter breit und 190 Zentimeter lang. Wer sich nicht unterordnete, wurde hart bestraft. Schläge und Tritte gehörten zur Normalität. Der einzige Lichtblick mag der kleine Park mit Fontäne am Eingang Jägerallee gewesen sein. Dort gab es auch einen „Tschipok" – eine Teestube mit warmen Speisen, ein paar Grundnahrungsmitteln und Zigaretten –, wo die Soldaten ihren Sold von monatlich 25 DDR-Mark ausgeben konnten.

Seltenes Fundstück – eine sowjetische Hausnummer. Die 9A bezeichnet das sogenannte Militärstädtchen, die 10 das Haus.

„Nach Schätzungen verloren rund 4.000 sowjetische Soldaten jedes Jahr in der DDR ihr Leben durch Unfälle und Suizid", erzählt der Osteuropa-Kenner, „man geht auch davon aus, dass es rund 400 bis 500 Fluchtversuche jährlich gegeben hat und manch ein Soldat wurde bei der dann folgenden Hetzjagd erschossen."

Das Leben der Offiziere und Zivilangestellten war um vieles angenehmer, wozu schon die wesentlich bessere Wohnsituation in beschlagnahmten Wohnhäusern oder eigens errichteten Plattenbauten beitrug. Zudem hatten viele ihre Familien dabei.

„Auf dem Gelände der Kaserne gab es einen Fischteich mit Karpfen und es wurden auch Schweine gehalten", weiß Robert Leichsenring. „Das dürfte den Speiseplan erweitert haben, und für die Frauen der Offiziere war die DDR im Vergleich zur Sowjetunion ein richtiges Einkaufsparadies." Leichsenring fährt fort: „Beim Abzug der Truppen, der im August 1994 zu Ende ging und seinen Höhepunkt in den Jahren 1992/93 hatte, blieben nicht nur 10.000 Hunde und Katzen und circa 600 Deserteure zurück, sondern auch ganze Stadtteile voller Gebäude in einem desolaten baulichen Zustand. Und es hat lange gedauert, bis die Spuren dieser Zeit getilgt waren."

„Es hat lange gedauert, bis die Spuren dieser Zeit getilgt waren."

Robert Leichsenring hat über Jahre sein Wissen immer mehr erweitert und nicht zuletzt durch einen zweijährigen Aufenthalt in St. Petersburg die Liebe zu diesem Land vertieft. Heute bietet er neben Stadtführungen auf den Spuren der sowjetischen Streitkräfte auch Reisen nach Russland an. Denn Geschichte soll nicht vergessen werden, hinterlässt sie doch nicht nur an Orten ihre Spuren, sondern auch in uns. In diesem Sinne ist er froh, wenn er heute Reisegruppen die gemalten Verkehrsschilder zeigen kann, die einerseits typisch deutsch, aber irgendwie auch russisch sind.

So geht's zu den Verkehrszeichen:

Die Verkehrszeichen befinden sich auf dem Gelände der ehemaligen Garde-Ulanen-Kaserne in der Jägerallee 23. Nach dem Betreten des Geländes am Eingang bei der DKB-Bank (Tordurchfahrt ganz rechts am Hauptgebäude) führt eine kleine Straße zwischen den beiden flachen gelben Bauten entlang. Ganz am Ende des linken Gebäudes befinden sich an der Mauer die Zeichen.

Dörthe Kuhlmey steht auf dem Boden des einstigen Schwimmbeckens, in luftiger Höhe die Speirinne.

02

Wandfliesen

Trockenschwimmen im Bioladen

Ob die Besucher des Bio-Marktes in der Hegelallee ahnen, dass sie gerade in einem Schwimmbecken einkaufen? Auf den ersten Blick ist das nicht ersichtlich, auf den zweiten schon, denn wenn man ganz genau hinsieht, ist das Oval des einstigen Beckens sehr gut zu erkennen, die blaugrünen Fliesen tun ein Übriges und dann ist da noch die sogenannte Speirinne samt Inschrift: *Nur Speirinne benutzen*. Wobei gleich einmal erklärt sein soll, dass eine Speirinne nicht zum Speien gedacht ist. Es handelt sich um den Fachbegriff für den Überlauf des Beckens, hinter dem sich Ablaufrohre befinden, sodass die obere Wasserschicht stets abgeführt wird und Verunreinigungen abfließen. Stadtführerin Dörthe Kuhlmey erlebt oft die Verblüffung der Leute, wenn sie dieses Relikt der ersten Potsdamer Volksbadeanstalt betrachten. „Das Bad ist nach einem deutschen Flugpionier benannt“, erzählt sie, „Werner Alfred Pietschker, ein Enkel des Werner von Siemens. Er ist im Jahr 1911 mit einem Flugzeug abgestürzt, wurde nur 24 Jahre alt.“

Seine Mutter Käthe Pietschker (1861-1949) hat das Bad der Stadt geschenkt. Im Eingangsbereich erinnern Bronzetafeln an die beiden.

Die Speirinne befindet sich nun in luftiger Höhe.

„Käthe Pietschker war eine beeindruckende, sehr tätige Frau“, sagt Dörthe Kuhlmey. „Als Kind des Werner von Siemens geboren, war sie zwar eine sogenannte höhere Tochter, aber das hielt sie nicht davon ab, ihr Leben lang sozial engagiert und aktiv zu sein. Sie war eine elegante, attraktive Erscheinung. Die Stadt Potsdam hat ihr vieles zu verdanken.“

Dörthe Kuhlmey arbeitet im Frauenpolitischen Rat Land Brandenburg im Beirat der Initiative FrauenOrte mit. „Uns ist es wichtig, die Geschichte von Frauen im Land sichtbarer zu machen“, erklärt sie, „denn sie haben ihre Umgebung genauso mitgestaltet wie Männer, sind aber oft viel weniger bekannt. Frauen wie Käthe Pietschker sollen nicht vergessen werden.“ Und das mit Recht, denn die Liste der Initiativen der adelig Geborenen ist lang. Käthe Pietschker arbeitete im Vorstand eines Kinderheims, gründete in Bornstedt eine Volksbibliothek, organisierte Lesungen und Vortragsabende.

Während des Ersten Weltkriegs, in dem ihr jüngster Sohn Arnold 1914 in Frankreich sein Leben ließ, kam noch ein Genesungsheim für im Krieg verletzte Soldaten hinzu. Drei Jahre vor Arnold war schon dessen Bruder Werner Alfred bei ebenjenem Absturz ums Leben gekommen. „Es ist überliefert, dass Werner Alfred enttäuscht darüber gewesen ist, dass Potsdam keine Badeanstalt besaß. Die hygienischen Zustände waren schwierig, für die meisten Potsdamer und Potsdamerinnen gab es zuhause keine Möglichkeit, zu duschen oder zu baden", erläutert die Stadtführerin. Seine Mutter änderte das nun, im Gedenken an ihren Sohn – und ließ im Jahr 1913 das Bad errichten. Mit einem Bereich zum Schwimmen, Kabinen zum Baden, Brausen und Ruheraum war das Bad modern und komfortabel gleichermaßen. „Es gab ein Kassenhäuschen für den Eintritt und danach hatten die Besucher Zeit für ihre Körperpflege", erklärt Kuhlmey. „Bis in die 1970er-Jahre fand hier im großen Becken übrigens Schwimmunterricht statt. Da erinnern sich noch einige Potsdamer und Potsdamerinnen dran."

Im Jahr 1992 wurde das Bad geschlossen und nach diversen Umbauten das Haus 2005 neu eröffnet. An der ovalen Form des Gebäudes ist auch von außen zu gut erkennen, wie groß das Schwimmbecken war.

„Käthe Pietschker hatte insgesamt sechs Kinder, sie musste den Verlust von zwei Söhnen verkraften", sagt Dörthe Kuhlmey. „Es scheint so zu sein, als habe sie ihre Trauer in Bauprojekten für das Gemeinwohl verarbeitet und umgesetzt. Es ist beispielhaft, wie sie ihre Gaben und finanziellen Möglichkeiten in den Dienst der Allgemeinheit gestellt hat."

Auch wenn an das Bad nur noch die Form des Hauses sowie Fliesen und Speirinne erinnern, hat Käthe Pietschker durch ihre Initiativen seinerzeit sehr viel Gutes und Nützliches bewirkt und somit bis heute sichtbare Spuren hinterlassen.

So geht's zu den Wandfliesen:

Die Wandfliesen befinden sich im Eingangsbereich des Bio-Marktes in der Hegelallee 23.

Geländerpfosten 193

Rettung in letzter Minute

Als Stadtführerin ist es Susanne Fienhold Sheen gewöhnt, mit vielen Menschen unterwegs zu sein. Manche Begegnungen bleiben ihr jedoch besonders in Erinnerung, und dazu gehört ein Zusammentreffen am Potsdamer Stadtkanal, der an sich schon ein spannendes Stück Stadtgeschichte ist. „Aber am Ende sind es doch immer die Menschen, die einem Ort eine Bedeutung geben und ihn lebendig werden lassen", sagt sie. „So entstehen Verbindungen."

Im Jahr 2004 war die Stadtführerin mit einer Gruppe Schüler in Potsdam unterwegs. „Die kamen aus aller Welt, waren zum Beispiel Diplomatenkinder, lebten in Budapest und besuchten dort eine internationale Schule", erinnert sie sich. „Ich erklärte gerade die Geschichte des Stadtkanals, als ein älterer Herr sich zu uns gesellte und mich wenig später ansprach." Was sie dann hörte, war nicht nur für die versierte Stadtkennerin, sondern auch für die Kinder eine sehr berührende Erfahrung. Auch bekam ein Pfosten am Geländer des Stadtkanals plötzlich eine ganz persönliche Geschichte. Um sie zu erzählen, muss Susanne Fienhold Sheen etwas weiter ausholen:

Der Stadtkanal wurde ursprünglich zur Entwässerung der umliegenden Sumpfgebiete angelegt. Unter Friedrich Wilhelm I. (1688-1740) wuchs Potsdam beträchtlich und Platz musste geschaffen werden. Sein Sohn Friedrich der Große (1712-1786), der ein besonderes Augenmerk auf die Verschönerung seiner Stadt richtete, ließ den Kanal ausmauern und mit einem eisernen Geländer versehen. „Ein Stück holländisches Flair entstand in Potsdams Mitte", erzählt Susanne Fienhold Sheen, „wobei der Kanal mit seinen knapp zwei Kilometern Länge und Anschluss an die Havel nicht nur als Verkehrsweg, sondern lange Zeit auch als Kloake diente." Doch wie beinahe jedes ältere Bauwerk unterlag auch der künstliche Wasserweg einer wechselvollen Geschichte. „Nach dem Zweiten Weltkrieg wurde er zugeschüttet und

Susanne Fienhold Sheen hat die berührende Geschichte hinter diesem Pfosten durch Zufall erfahren.

teilweise überbaut", erklärt die Stadtkennerin, die seit 1975 in Potsdam lebt und arbeitet. „Dass der Kanal heute in Teilen wieder sichtbar ist, verdankt die Stadt einem sehr rührigen, 1999 gegründeten Verein, der es ermöglicht hat, dass innerhalb von zwei Jahren ein Teilstück des alten Verkehrsweges wieder ausgegraben wurde."

Wer heute in der Yorckstraße vor dem Abschnitt des wiederhergestellten Kanals steht, kommt ein wenig ins Grübeln, denn die Kanalrinne führt kein Wasser, sondern ist mit Gras bewachsen und lädt statt zum Paddeln eher zum Flanieren ein. Zudem wird sie von einem altertümlichen, hellgrünen Geländer flankiert, das in regelmäßigen Abschnitten von Pfosten unterbrochen ist. Das Geländer ist neu, aber dem historischen Vorbild nachempfunden. Die Pfeiler sind von Spendern und Sponsoren gestiftet, die das Projekt unterstützen.

Mit einem dieser Pfosten hat es eine besondere Bewandtnis – er trägt die Nummer 193. Und nun kommt auch wieder der Mann ins Spiel, der Susanne Fienhold Sheen während ihrer Führung angesprochen hatte: Sein Name ist Ulrich Engelmann, er war einer der beiden Spender des Pfostens.

Der Geländerpfosten 193 birgt eine bewegende Familiengeschichte.

Die Brüder Helmut und Ulrich Engelmann wurden in Calau/Niederlausitz geboren, ihr Lebensweg führte sie zuerst nach Potsdam, wo ein großer Teil ihrer Familie lebte, und später nach Soest/Westfalen. „Während des Kriegs hatte die Mutter der beiden mit ihren Jungs, Ulrich war noch ein Baby, direkt am Stadtkanal Unterschlupf gefunden", erzählt die Stadtführerin vom Leben der Familie Engelmann. „Ihre Tante lebte im Eckhaus Yorckstraße/Wilhelm-Staab-Straße. Der Vater der Jungen war schwerverletzt als einer der letzten Soldaten aus dem Kessel von Stalingrad ausgeflogen worden und befand sich zur Genesung in Brandenburg im Lazarett." Am 14. April 1945 war Mutter Adelheid unterwegs, um ihn zu besuchen. Sie blieb bis abends dort, weil sie so viel Zeit wie möglich bei ihrem Mann verbringen wollte, die Tante passte auf die Kinder auf.

Jeder in der Stadt kennt dieses Datum, das als „Nacht von Potsdam“ in die Geschichte eingegangen ist – ein alliierter Bombenangriff vernichtete damals große Teile der Altstadt und kostete unzählige Menschenleben. „Als Adelheid Engelmann in den Zug von Brandenburg/Havel nach Potsdam stieg, gab es kurz darauf Fliegeralarm“, erzählt Susanne Fienhold Sheen, die nach dem Zusammentreffen mit Ulrich auch Adelheid und Helmut Engelmann kennenlernte und sich lange mit der Zeitzeugin über jenen schicksalhaften Abend unterhielt. „Eigentlich hätte der Zug auf der Strecke stehen bleiben müssen, aber die Passagiere bewegten den Lokführer dazu, wenigstens bis Potsdam weiterzufahren – was er zum Glück auch tat. Die Reisenden stoben in alle Himmelsrichtungen aus dem Zug und suchten Schutz in Kellern. Aber Adelheid wollte nur eines: zu ihren Kindern.“ So schnell sie konnte, hastete sie zum Haus ihrer Schwester – in ihrer Erinnerung flog sie beinahe – immer mit der Angst im Nacken, dass jeden Moment die ersten Bomben fallen konnten. So war es schließlich auch. „Der Luftschutzkeller für die Leute aus der Yorckstraße war im Brockeschen Haus, also schräg rüber von dem Haus, in dem die Engelmanns wohnten“, berichtet die Stadtführerin. „Davor drängten sich Unmengen Menschen, denn der Luftschutzwart hatte, obwohl schon Vollalarm war, den Schutzsuchenden noch keinen Zugang gewährt. Hier traf Adelheid auf ihre Schwester mit den beiden Kindern. Und in dem Moment, als sie endlich in den Keller durften, fielen die ersten Bomben und zerstörten das nur wenige Meter entfernte Haus, in dem die Engelmanns wohnten.“ Im Keller angekommen, hasteten die Schwestern mit den Kindern durch die Räume und suchten sich schließlich eine Ecke, in der sie Zuflucht finden konnten. Sie hörten die nahen Einschläge und legten sich schützend über die kleinen Kinder. Sie kamen mit dem Leben davon. Ihr Heim hatten sie verloren.

„Eigentlich hätte der Zug auf der Strecke stehen bleiben müssen, aber die Passagiere bewegten den Lokführer dazu, wenigstens bis Potsdam weiterzufahren – was er zum Glück auch tat.“

Ein weiteres Mal änderte sich das Leben für die Familie buchstäblich in letzter Minute: Am 12. August 1961 verließen sie die DDR, um sich in Soest/Westfalen anzusiedeln. Doch Potsdam ging ihnen niemals aus dem Kopf. Sobald sich nach der Wende die Möglichkeit ergab, reisten die Brüder in ihre Geburtsstadt, um zu sehen, ob es das rettende Haus mit dem Luftschutzkeller noch gab. „Als sie dort standen, sichtlich bewegt und mit Tränen in den Augen, sprach sie ein Passant an", führt die Stadtkennerin weiter aus, „und das war Siegfried Benn, der damals schon plante, den Stadtkanal mit Spendenmitteln wieder zu errichten. Wie der Zufall es so wollte." Helmut und Ulrich Engelmann entschlossen sich ohne zu zögern, für einen Geländerpfosten zu spenden. Dann vergingen nochmal einige Jahre, bis es so weit war und ein erstes Teilstück des Stadtkanals anlässlich der BUGA 2001 wiedererstanden war. „Das Ende der Geschichte ist noch einmal sehr berührend", sagt Susanne Fienhold Sheen. „Die Brüder hatten sich gewünscht, dass *ihr* Pfosten gegenüber dem Abschnitt des Kellers platziert werden sollte, in dem die beiden als Kinder den Bombenangriff überlebt haben." Dieser Wunsch ist ihnen erfüllt worden. Und als die beiden ihre Mutter Adelheid dort hinführten, flossen bei ihr Tränen der Rührung und Dankbarkeit, weil der Pfosten sie daran erinnerte, dass ihr Leben und das ihrer Familie in letzter Minute gerettet wurde. So viel Geschichte steckt im Geländerpfosten 193.

„Das war Siegfried Benn, der damals schon plante, den Stadtkanal mit Spendenmitteln wieder zu errichten."

So geht's zum Geländerpfosten 193:

Der Pfosten befindet sich in der Yorckstraße am Stadtkanal gegenüber dem Brockeschen Haus.

Überbleibsel eines ehrgeizigen Plans: Dörthe Kuhlmey weiß, dass es einst unzählige Maulbeerbäume in Potsdam und Umgebung gab.

04

Maulbeerbaum

Die Königin der Seidenraupen

Edle reine Seide kommt ursprünglich aus China, aber der feine Stoff ist ein so begehrtes Gut, dass auch andernorts versucht wurde, ihn zu produzieren. Doch die Seidenraupe, also die Larve des Seidenspinners, ist die Diva unter den Insekten. Bombyx mori will weder alles essen noch überall wohnen und macht es uns deshalb hierzulande nicht leicht, an ihre begehrten Fäden zu gelangen. Wer Seidenraupen will, muss Maulbeerbäume pflanzen, und auch die sind in Deutschland nicht heimisch. Dennoch gab es sie vor rund 300 Jahren in und um Potsdam zuhauf. Heute jedoch sind sie im Stadtbild eine absolute Rarität.

Stadtführerin Dörthe Kuhlmey weiß, wo einer steht. Und sie kennt die Geschichte einer ganz besonderen Frau: Anne Marie Baral (1728-1805) hat es allen widrigen Umständen zum Trotz geschafft, mit Seide zu großem Ansehen zu kommen. Seit 1746 lebte die Nachfahrin französischer Glaubensflüchtlinge in Potsdam, wo sie einen Tuchmacher heiratete. „Anne Marie und ihr Mann gehörten zur dritten Generation der unter dem Großen Kurfürsten Friedrich Wilhelm von Brandenburg eingewanderten Hugenotten“, erzählt die Stadtführerin und studierte Touristikerin.

Friedrich Wilhelm (1620-1688) Kurfürst von Brandenburg – der Große Kurfürst genannt – hatte im Jahr 1685 das Edikt von Potsdam erlassen. Um das seit Ende des Dreißigjährigen Krieges (1618-1648) gebeutelte und entvölkerte Land wiederaufzubauen, erlaubte er den Hugenotten die Einreise, zusätzlich bot er ihnen gute Bedingungen, um sich anzusiedeln. Und er fuhr bestens damit, denn die wegen ihres protestantischen Glaubens aus ihrer Heimat geflohenen Menschen brachten ihre bislang in Brandenburg unbekannten Kenntnisse mit. Handwerk, Landwirtschaft und Kultur profitierten von den aus Frankreich Zugewanderten, so auch die Seidenproduktion. Mit ihren Fertigkeiten konnten die Franzosen einen Beitrag zu den ehrgeizigen Plänen Friedrichs II. (1712-1786) leisten, der vorhatte, den Bedarf an Seide im eigenen Land zu decken. Der begehrte Rohstoff wurde vorrangig für die Innenausstattung der Schlösser, für Mobiliar und Wandbespannungen, aber auch für Kleidungsstücke gebraucht. Die benötigte Menge war jedenfalls groß und Importe teuer.

Die essbaren Früchte des Maulbeerbaums sind für Seidenraupen nicht interessant.

Der König verfolgte seinen Plan hartnäckig. Im Jahr 1755 erließ er eine Order: Jeder Bauer sollte so viele Maulbeerbäume und -hecken pflanzen, dass er ein oder zwei Pfund Rohseide gewinnen konnte. Ganze Maulbeerplantagen entstanden. 21.000 Bäume, dazu Sträucher und Hecken, sollten den Bedarf decken. Denn frisch aus dem Ei geschlüpfte Seidenraupen wollen nur eins: Maulbeerblätter futtern – und das kiloweise und ununterbrochen, bis sie nach rund vier Wochen so weit sind, den Seidenfaden zu spinnen, mit dem sie sich verpuppen. Das dauert wiederum acht Tage. Zum gewaltigen Hunger auf allein diese eine Delikatesse kommt noch ein weiterer sensibler Punkt hinzu. „Die Raupen brauchen konstante Temperaturen", weiß Dörthe Kuhlmey, „sonst gehen sie ein." Für die zur Raupenzucht verdonnerten Bauern war das Ganze eine gewaltige Zusatzaufgabe.

Anne Marie Baral war seit 1769 im Seidenbau beschäftigt, zuerst auf der Plantage des Waisenhauses. Wenige Jahre später bildete sie Lehrlinge in der Serikultur – dem Prozess der Seidenproduktion – aus und erhielt, weil sie eine anerkannte Fachfrau war, großzügige Unterstützung: Raupeneier, Holz zum Heizen, Maulbeerlaub und Hilfe durch Kinder aus dem Waisenhaus.

Anne Marie Baral trat im Jahr 1789 eine Stelle auf Lebenszeit im Jägerhof an, dem heutigen Justizzentrum. „Hier gab es seit Mitte des 18. Jahrhunderts eine Seidenbau-Musteranstalt, und Anne Marie sollte Männer und Frauen im Seidenbau ausbilden", erzählt Dörte Kuhlmey. „Denn auch das Gewinnen der Seide ist eine sehr umständliche Prozedur. Die Puppen werden in heißem Wasser abgetötet und danach wird der bis zu 4.000 Meter lange Seidenfaden abgewickelt, haspeln nennt man das."

Letztlich ging der Plan des Preußenkönigs nicht auf. Selbst in den besten Jahren deckte der brandenburgische Rohseiden-Ertrag nur fünf Prozent des Bedarfs. „Das lohnte die ganze Mühe nicht, und deshalb wurde nach dem Tod Friedrichs II. im Jahr 1786 der Seidenbau nach und nach zurückgefahren", sagt die Stadtführerin. „Auch Anne Marie musste Rückschläge hinnehmen und gab schließlich auf, nicht zuletzt aus Altersgründen."

Dennoch hat sie sich mit ihren Kenntnissen und ihrem Geschick sehr viel Achtung verschafft und durfte bis zu ihrem Tod im Jahr 1805 auf dem Jägerhof wohnen bleiben. Die kurze Blütezeit der Seidenproduktion in Brandenburg hat sie entscheidend mitgeprägt.

So geht's zum Maulbeerbaum:

Der Maulbeerbaum befindet sich am Weberplatz im Stadtteil Babelsberg.

05

Hirsche

Die Geschichte(n) vom Forsthaus Nordtor

Sehr majestätisch blickend, bewachen die beiden bronzenen Hirsche auf ihren Sockeln aus gelben Ziegeln das Sanssouci-Tor, einen der Eingänge zum Potsdamer Wildpark. Die Skulpturen sind Werke des Künstlers Christian Daniel Rauch (1777-1857), der auch Schöpfer des berühmten Reiterstandbilds Friedrichs des Großen ist. Im Jahr 1845 wurden sie im Wildpark aufgestellt, jedoch am Nordtor. Wie die Hirsche von A nach B kamen – und noch vieles mehr – kann Philosoph und Historiker Thomas Schubert erzählen, der seit 1994 im Wildpark lebt und ein dort stehendes baufälliges Haus von der Pieke auf saniert hat.

Doch der Reihe nach: Der Wildpark wurde 1842 angelegt, und der Name lässt bereits auf die Nutzung schließen. Hier entstand ein 870 Hektar großes Jagdgebiet für die preußischen Herrscher. Ein Wegstern, von dem aus acht Alleen in den Wald führen, ist der Mittelpunkt des Parks. Kein Geringerer als Peter Joseph Lenné (1789-1866) übernahm die gärtnerische Gestaltung, Schinkel-Schüler Ludwig Persius (1803-1845) plante die Gebäude des Wildparks. Das gesamte Areal war von einem Zaun umgeben – ungebetene Gäste blieben fern, das Wild blieb drin, bis es vor die Flinten der königlichen Jäger geriet. Nach Friedrich Wilhelm IV. (1795-1861), der den Park anlegen ließ, gingen hier auch seine Nachfolger auf die Pirsch. Der Wildbestand war hoch und wurde eigens gefüttert. Drei Torhäuser – das Sanssouci-Tor, das Süd- und das Nordtor – gewährten Einlass und waren auch bewohnt.

Als Thomas Schubert, der schon länger davon geträumt hatte, mitten im Wald zu leben, 1994 zur Untermiete in das Forsthaus Nordtor einzog, war es in einem schlechten baulichen Zustand. „Meine Vermieterin war Käthe Dreyer, die Witwe eines Forstmeisters, die hier seit den späten 1930er-Jahren lebte", erinnert er sich. „An dem Haus war lange nichts gemacht worden, der technische Zustand hatte sich seit der Erbauung nicht sonderlich verändert, abgesehen vom Strom

Thomas Schubert weiß: Dieser Hirsch hat schon einen Umzug hinter sich.

vielleicht." Komfort gab es keinen, aber das machte Thomas Schubert nichts aus, fühlte er doch, dass er an seinem Wunschort angekommen war. Stunden und Tage verbrachte er mit seiner Vermieterin am Küchentisch sitzend und ließ sich vor ihr aus längst vergangenen Zeiten berichten. So eine Zeitzeugin, das spürte der Historiker, lernt man nicht alle Tage kennen. „Als 1945 die Russen kamen, lebten die eine Zeitlang mit im Haus. Käthes Mann arbeitete im Wald, brachte gelegentlich mal ein Stück Wild mit, das sie in einem großen, mit Holz befeuerten Kessel im Waschhaus kochte", erzählt er vom einfachen Leben seiner Vormieterin. „Um die Gebäude hat er sich aber nicht groß gekümmert." Und beinahe hätte es einen Teil des Hauses nicht mehr gegeben, wäre Käthe Dreyer nicht beherzt eingeschritten. „Eines Tages in den 1970ern stand ein Trupp Bauarbeiter samt Bagger vor der ahnungslosen Bewohnerin. Die waren gekommen, um ein Drittel des Hauses wegen vermeintlicher Baufälligkeit abzureißen. Käthe hatte keine Ahnung davon gehabt und ihr Mann war nicht zuhause." Schubert erzählt, sie sei eine einfache Frau gewesen, auf keinen Fall eine Revoluzzerin, aber ihre Waschküche wollte sie trotzdem nicht kampflos hergeben. Also holte sie ihren Mietvertrag aus dem Schrank und zeigte den Bauarbeitern, dass sie und ihr Mann das Haus samt Waschküche und Stall gemietet hatten, die sich in dem Teil befanden, der abgerissen werden sollte. Was heute wie ein Wunder klingt, wurde damals Wirklichkeit. Die Arbeiter zogen unverrichteter Dinge wieder ab und der Hausteil blieb stehen. Käthe Dreyer und einem vergilbten Stück Papier sei Dank.

Die bronzenen Hirsche standen bis 1945 am Forsthaus Nordtor.

Als Thomas Schubert einzog, war die alte Dame bereits in ihren 80ern und fühlte sich allein. „Ich habe ihr im Haus geholfen und ihr Gesellschaft geleistet. Wir waren beide dankbar für diese besondere Situation.“ Als Käthe Dreyer starb, blieb Schubert im Haus, zahlte Miete und liebte sein einsames Leben mitten im Wald. Seit 2006 ist er nun Besitzer dieses einzigartigen Domizils, und nach Jahren endlos scheinender Sanierungsarbeiten ist das Kleinod im Wald wieder in bestem baulichen Zustand.

Zurück zu den Hirschen: „Die wurden 1945 von der Roten Armee hier am Nordtor abgebaut und in die Kaserne nach Wünsdorf gebracht“, erzählt Schubert. „2006 sind sie zwar in den Wildpark zurückgekehrt, jedoch sitzen sie nun am Sanssouci-Tor. Man wollte einem Diebstahl vorbeugen, anscheinend, weil sich das einsam im Wald gelegene Haus zu dieser Zeit in noch weitestgehend unsaniertem Zustand befand und unbewohnt wirkte.“

„Die Hirsche wurden 1945 von der Roten Armee hier am Nordtor abgebaut und in die Kaserne nach Wünsdorf gebracht.“

An tierischen Besuchern jedoch mangelt es nicht im Wildpark. Wenn der Philosoph aus dem Fenster schaut, sieht er manchmal Rehe, Wildschweine oder sogar einen Pfau, der sich hierher wohl verlaufen hat.

Den uralten Küchentisch, an dem er einst mit Käthe Dreyer seinen Kaffee trank und an dem alles begann, hat er aufgehoben. Der steht seit Jahrzehnten an seinem angestammten Fleck.

So geht’s zu den Hirschen:

Die Hirsche befinden sich am Forsthaus Sanssouci, Werderscher Damm.

Tür

Einst verschlossene Pforte

Es ist schon über dreißig Jahre her, dass Holger Schmidtke in Hermannswerder gewohnt hat. Aber ein Besuch auf der Halbinsel ist für ihn seitdem mindestens einmal im Jahr Pflicht. Nicht nur um in Erinnerungen zu schwelgen, sondern auch um Zeuge des steten Wandels zu werden. Seit der Pfarrer und Religionslehrer hier 1986 sein Abitur ablegte, hat sich das Rad der Welt weitergedreht. Und eine Tür am Gebäude des Evangelischen Gymnasiums kann dazu Geschichte(n) erzählen.

Das heutige Gymnasium ist schon seit rund 110 Jahren Ausbildungsstätte und gehört zur Hoffbauer-Stiftung, die 1901 offiziell gegründet wurde und auf das kinderlose Ehepaar Hermann und Clara Hoffbauer zurückgeht. Der Unternehmer Hermann Hoffbauer (1819-1884), gebürtiger Halberstädter, wurde mit einer Teppichfabrik wirtschaftlich erfolgreich. Er und seine Frau Clara (1830-1909) empfanden christlich soziales Engagement aufgrund ihres Vermögens als Verpflichtung und planten, dass nach ihrem Ableben ihre finanziellen Mittel zur Gründung einer Stiftung eingesetzt werden sollten. Doch nach dem Tod ihres Mannes entschied sich Clara Hoffbauer, diesen Plan direkt umzusetzen, und erwarb ein rund 40 Hektar großes Grundstück auf dem Tornow. Genau hier sollte ihre Stiftung entstehen, und so geschah es auch.

Zum Andenken an ihren verstorbenen Mann wurde die Halbinsel in „Hermannswerder" umbenannt, und mit dem ersten Spatenstich am 10. Juni 1891 begannen umfangreiche Bauarbeiten. Zahlreiche Gebäude entstanden in den kommenden Jahren, darunter ein Waisenhaus, eine Kirche, ein Diakonissen-Mutterhaus und im Jahr 1909 das Schulgebäude.

Die evangelisch-christliche Ausrichtung der Stiftung konnte trotz des geleisteten Widerstands in den Jahren 1938 bis 1945 nicht aufrechterhalten werden. Denn die nationalsozialistische Volkswohlfahrt

Diese Tür war zu DDR-Zeiten verschlossen, weil sie direkt auf das von der Sowjetarmee besetzte Gelände führte.

übernahm hier das Kommando, und erst 1946 erhielt die Stiftung ihren kirchlichen Charakter durch eine Satzungsneufassung zurück.
Es blieb jedoch kompliziert, denn das Bildungswesen in der DDR unterlag fast durchweg staatlicher Kontrolle, der Einfluss der Kirche sollte insgesamt radikal unterbunden werden.
Dennoch gelang mit kirchlicher Unterstützung ein Sonderweg. „Im Jahr 1950 wurde das Oberseminar eröffnet“, erzählt Holger Schmidtke. „Hier konnten Jugendliche ihr Abitur ablegen, die in der DDR aus politischen Gründen ansonsten keine Chance dazu gehabt hätten.“ Vorrangig handelte es sich dabei um Kinder kirchlicher Mitarbeiter. „Wir waren nur 75 Schüler, verteilt auf drei Klassen“, erklärt der Pfarrer. „Wir lebten und lernten in dem Gebäude, denn wir kamen aus ganz verschiedenen Ecken der DDR, und das Internat gehörte zur Schule. Um von unseren Zimmern zum Klassenraum zu gelangen, mussten wir nur die Treppen runtergehen.“

Und was hat es mit der Tür auf sich? Schmidtke schmunzelt und erzählt von einer ganz besonderen Nachbarschaft. „Ab 1945 hat die Sowjetarmee einen Teil der Insel besetzt und das ganze südliche Gelände war militärisches Sperrgebiet. Unter anderem gab es dort ein Lazarett.“ Dieses Sperrgebiet begann just am Schulgebäude. Da, wo sich heute der Haupteingang zum Gymnasium befindet, war natürlich auch damals eine Tür, aber die war abgesperrt. „Von unseren Zimmern und Klassenräumen aus konnten wir auf das Gelände der Russen gucken, sie regelrecht beobachten, aber betreten konnten wir die Anlage natürlich nicht. Auf die Idee wären wir auch gar nicht gekommen.“ Die Tür war zu. Gleichauf mit dem Schulgebäude befand sich ein Wachhäuschen, und ein metallenes Tor kennzeichnete den Beginn der militärischen Sperrzone.

„Von unseren Zimmern und Klassenräumen aus konnten wir auf das Gelände der Russen gucken, sie regelrecht beobachten, aber betreten konnten wir die Anlage natürlich nicht.“

Das Treppenhaus hinter der Tür hätte verwaist und ungenutzt bleiben können. Das tat es aber nicht. „Vor der verrammelten Tür stand ein Fernseher“, erinnert sich Holger Schmidtke. „Auf den Treppen lagen ein paar alte Matratzen. Im Winter war es auf den steinernen Treppen nämlich ziemlich kühl, aber wir haben es uns hier immer gemütlich gemacht. Wir befanden uns weit weg von unseren Eltern, und das Oberseminar war für drei Jahre unser Zuhause." Zu den sowjetischen Soldaten gab es wenig bis keinen Kontakt. Das war vonseiten der politischen Führung so gewollt. Hin und wieder wurden jedoch gemeinsame Fußballspiele organisiert.

1990, bereits ein Jahr nach der Wende, wurde das Oberseminar zum Evangelischen Gymnasium und somit staatlich anerkannt. Die Sowjetarmee verließ 1991 das Gelände und irgendwann durfte die Tür wieder eine Tür sein und Menschen aus- und einlassen.
„Immer wenn ich hierherkomme, muss ich an diese besondere Situation denken", resümiert Schmidtke. „Und an dieses sehr spezielle DDR-Gefühl. Türen, die verschlossen sind. Areale, die man nicht betreten darf, seien sie auch noch so nah. Das war so typisch für das Leben in der DDR und hat uns mitgeprägt, ebenso wie das im Rahmen der Kirche abgelegte Abitur, das von der DDR nicht anerkannt wurde." Ein Studium an einer staatlichen Hochschule blieb den Abiturienten verwehrt, der Weg in kirchliche Berufe war so gut wie festgelegt. Wie Schmidtke selbst, studierten viele der Absolventen und Absolventinnen von Hermannswerder anschließend Theologie.

Wenn Holger Schmidtke heute die Halbinsel besucht, ist er dankbar für seine Erinnerungen – die Gemeinschaft des Internatslebens und die Eigenständigkeit einer christlich orientierten Ausbildung inmitten der DDR. Und manchmal öffnet er, von draußen kommend, diese Tür, wirft einen Blick ins Gymnasium und denkt daran zurück, dass er einst auf den Treppenstufen sitzend Fernsehen guckte.

So geht's zur Tür:

Das Gymnasium, in dem sich die Tür befindet, steht auf der Halbinsel Hermannswerder im Südwesten Potsdams, Hermannswerder 18.

07

Zaun

Von Hufgeklapper zu Motorenlärm

Wo die von Potsdam nach Schönefeld führende Nuthe-Schnellstraße ihren Anfang nimmt, stand zu Zeiten, als man noch mit *einer* Pferdestärke unterwegs war, die Garde-Husaren-Kaserne. Viel Vorstellungskraft braucht es, um sich auszumalen, dass sich da, wo in der Gegenwart den ganzen Tag Verkehrslärm herrscht, einst ein großer Reit- und Exerzierplatz befand. Und dass ein Teil der Anlage, nämlich ein imposanter schmiedeeiserner Zaun, heute ziemlich weit entfernt in der Lindenstraße steht, macht die Sache auch nicht einfacher. Eher im Gegenteil. Wie kommt der Zaun der einstigen Kaserne denn eigentlich da hin?

Stadtführerin Susanne Fienhold Sheen kann das erklären: „In den 1970er-Jahren wurde hier die Schnellstraße gebaut. Man muss sich vorstellen, dass der gesamte Komplex, also die Ställe und der Reitplatz, sich von der riesigen Kaserne aus bis zur Holzmarktstraße hinzog das war ein beträchtliches Areal.“ Die Kaserne und ein großer Teil der Pferdeställe sind noch erhalten und beherbergen Kultur und Gewerbe, der einstige Reitplatz wurde mit der Straße überbaut.

„Er hat die Bauarbeiter gefragt, was mit dem Zaun werden soll, und die wussten das nicht. Also bat er sie, ihn nicht auf den Schrottplatz zu fahren, denn da sollte das historische Stück natürlich nicht landen.“

„Und hier kommt Hartmut Knitter ins Spiel“, erzählt Susanne Fienhold Sheen weiter. Der Stadthistoriker im Potsdam-Museum hatte den abgebrochenen Zaun nämlich mitten auf der Baustelle entdeckt. „Er hat die Bauarbeiter gefragt, was mit dem Zaun werden soll, und die wussten das nicht. Also bat er sie, ihn nicht auf den Schrottplatz zu fahren, denn da sollte das historische Stück natürlich nicht landen. Stattdessen würde er sich etwas einfallen lassen.“

Susanne Fienhold Sheen weiß, wie der Zaun von der Berliner in die Lindenstraße gekommen ist.

Schließlich handelte es sich hier nicht um irgendeinen Zaun, sondern um ein waschechtes Stück Schinkel-Erbe: Die gesamte Anlage war nach den Ideen und Wünschen des berühmten preußischen Architekten und Baumeisters Karl Friedrich Schinkel (1781-1841) gebaut worden. Im August 1842 konnte das Leib-Garde-Husaren-Regiment Einzug halten; die Regimentspferde waren schon vorher hier untergebracht. Das über vier Hektar große Gelände wurde zur Berliner Straße hin von dem eisernen Zaun begrenzt, hinter dem sich der Reitplatz befand. „Dieser Platz wurde auch Potsdamer Reittheater genannt", erzählt die Stadtführerin. „Das hat damit zu tun, dass sich hier gerne Zaungäste versammelten, um den Garde-Husaren beim Reiten zuzusehen. Das waren sicher viele kleine Jungs, die davon träumten, einmal so stolz zu Pferde zu sitzen, aber bestimmt auch so manche junge Frau."

„Dieser Platz wurde auch Potsdamer Reittheater genannt."

Einst wurden die steinernen Pfosten am Eingang zum Reitplatz von vier Figuren geschmückt, die zum Abflug bereite Adler darstellten. Die sind in der wechselvollen Geschichte des Areals abhandengekommen; aber der Zaun, der beinahe im Bauschutt verschwunden wäre, befindet sich, seit er gerettet wurde, in der Lindenstraße und begrenzt einen in den 1970er-Jahren gebauten Schulhof. Größer könnte der architektonische Kontrast kaum sein; aber das ist eben Potsdam, wo Altes und Neues gerne mal interessante Allianzen eingeht. Warum denn auch nicht?

Ein kleiner Rest des alten Zauns steht übrigens immer noch an Ort und Stelle und kann in der Berliner Straße direkt am Kasernengebäude besichtigt werden.

So geht's zum Zaun:

Der Zaun befindet sich in der Lindenstraße 32-33 am Gelände der Voltaire-Schule.

Dr. Oliver Bens ist Geowissenschaftler und der Telegrafenberg seit 2007 sein Arbeitsplatz.

08

Säulenforum

Alles ist miteinander verbunden

Wer auf dem Telegrafenberg spazieren geht, mag das Gefühl bekommen, sich in einer anderen Welt aufzuhalten. Seit 1874 sind hier Wissenschaft und Forschung angesiedelt – und das ist sichtbar. Da reihen sich rätselhafte Relikte und faszinierende Bauwerke aneinander und das Staunen will gar nicht aufhören. Beim Anblick mächtiger Kuppeln und niedlicher Hexenhäuschen, die eigentlich Mirenhäuschen heißen, was sie nicht uninteressanter, sondern noch rätselhafter erscheinen lässt (siehe Geheimnis 13), wird klar, das hier *ist* ein geheimnisvoller Ort. Jedenfalls für die meisten von uns. Nicht jedoch für Fachleute wie Dr. Oliver Bens, Geowissenschaftler und Leiter des wissenschaftlichen Vorstandsbereichs am Deutschen GeoForschungsZentrum (GFZ), den seine Laufbahn von Münster über verschiedene Stationen nach Cottbus, wo er zu Bergbau und Rekultivierung der Lausitzer Bergbaufolgelandschaft arbeitete, im Jahr 2007 nach Potsdam auf den Telegrafenberg führte.

Vor dem Haus, in dem sich sein Büro befindet, sind imposante Steinstelen aufgereiht. „Das *Säulenforum* genannte Kunstwerk steht hier seit 1998“, erklärt Oliver Bens. Etwas versteckt rechts neben dem Haupteingang befindet sich eine kleine Tafel an der Außenwand, auf der der Herkunftsort jeder einzelnen Säule genannt ist. Das Bildhauer-Ehepaar Wolfgang Kubach (1936-2007) und Anna Maria Kubach-Wilmsen, das sein Gesamtwerk dem Material Stein gewidmet hat, schuf es, um die weltweiten Aktivitäten des Zentrums zu repräsentieren. Denn hier im GFZ wird das „System Erde“ erforscht, mit allem was dazugehört, seien es geologische, physikalische, chemische oder biologische Prozesse. Hier arbeiten Forscherinnen und Forscher fachübergreifend zusammen. Sie wollen verstehen, „was die Welt im Innersten zusammenhält“, wie es Goethe in seinem berühmten *Faust*-Monolog treffend formulierte, – ein Wunsch, den die Menschheit wohl von Anbeginn in sich trägt. Wo im Jahr 1832 ein Flügeltelegraf dem Berg seinen Namen gab, sind heute renommierte, weltweit anerkannte Forschungseinrichtungen zu Hause. Auf der Erde, in den Ozeanen oder in der Atmosphäre – hier wird und wurde einfach alles auf den Kopf gestellt und betrachtet. Ein Hoch auf die Forschenden!

Das Säulenforum repräsentiert die weltweite Forschung des GFZ zum System Erde.

Das Kunstwerk steht für die Aktivitäten des GFZ rund um den Erdball. Auf einem Grund aus Basaltplatten als Symbol für die Erdkruste befinden sich steinerne Säulen aus fünf Kontinenten: von Fichtelgebirgs-Granit aus Deutschland über schwarzen Basalt aus Zimbabwe und grauen migmatischen Gneis aus Indien, Lazulith-

Quarzit aus Brasilien bis hin zu Marmor aus Australien. Diese Säulen symbolisieren aus der Erde gebohrte Kerne. „Tiefbohrungen sind ein wichtiges Instrument der Geoforschung", erklärt Oliver Bens. „Sie erlauben uns weitreichende Einblicke, wie zum Beispiel zum Aufbau der oberen Erdkruste. Und sie sind wichtig für das Verständnis der langfristigen Entwicklung, liefern zum Beispiel Daten darüber, wie das Klima in der Vergangenheit sich entwickelte."

„Tiefbohrungen sind ein wichtiges Instrument der Geoforschung."

Die Fugen zwischen den Bodenplatten repräsentieren die Geodäsie, die sich der Vermessung der Erde widmet. Die Robinie – auch sie ist Teil des Kunstwerkes – weist auf die lebendige Natur hin, für deren Erhalt nicht zuletzt die Klimaforschung wichtig ist. Das gesamte Kunstwerk ist quadratisch ausgerichtet, und auch das ist kein Zufall, sondern Sinnbild für strukturiertes Gestein.

Und somit wird auch die Arbeit des Paläomagnetischen Instituts, nämlich die Erforschung des Magnetfeldes der Erde, in das Kunstwerk eingebunden. Die Wissenschaften helfen, unseren so einzigartigen Lebensraum zu verstehen. Alles hängt miteinander zusammen und ist das große Wunder, das menschliches Leben auf dem blauen Planeten überhaupt erst möglich macht.

So geht's zum Säulenforum:

Das Kunstwerk steht am Adolf-Schmidt-Weg vor dem Gebäude G auf dem Telegrafenberg.

09

Schloss Marquardt

Der mit den Geistern sprach

Der Ort Skoryn wurde im Jahr 1313 zum ersten Mal erwähnt. Die Besitzer des dort befindlichen Gutes wechselten häufig, und zu Beginn des 18. Jahrhunderts beschloss der damalige Lehnsherr Marquard Ludwig von Printzen (1675-1725), das Dorf könnte doch so heißen wie er. Preußenkönig Friedrich I. (1657-1713) erlaubte das, 1843 entstand schließlich durch Veränderung der Schreibweise der heutige Orts- und Schlossname: Marquardt. Ortschronist Dr. Wolfgang Grittner kennt sich mit allem, was Schloss und Park anbelangt, bestens aus, hatte er doch selbst in den 1960er-Jahren eine Zeitlang im Schloss gelebt. Alle aufkommenden Dr.-Grittner-war-mal-Schlossherr-Fantasien beendet er abwinkend und mit einem Lächeln: „Die Räume im Obergeschoss waren damals einfacher Wohnraum. Meine Frau und ich hatten ein Zimmer zugeteilt bekommen. Nach Geburt unserer ersten Tochter gab es ein zweites dazu“, erinnert er sich, „Toilette und Bad lagen über den Flur.“

Theodor Fontane (1819-1898) hat im 1873 erschienenen dritten Teil seiner *Wanderungen durch die Mark Brandenburg* über Marquardt geschrieben und den Ort mehrmals besucht. Er weist in seinem literarischen Werk auf ein besonderes Kapitel in der Schloss-Geschichte hin, mit dem sich auch Wolfgang Grittner ausführlich beschäftigt hat: Hier hat es nämlich mal gespukt. Oder anders formuliert: Ein leichtgläubiger Monarch sollte annehmen, hier mit seinen Ahnen und verstorbenen Größen der Geschichte in Kontakt zu kommen, und zwar bei aufwendig inszenierten Geisterbeschwörungen in der nahe beim Schloss gelegenen Blauen Grotte.

Doch von Anfang erzählt: Im Jahr 1795 wurde Marquardt Hans Rudolf von Bischoffwerder (1741-1803) übereignet, einem engen Vertrauten des Königs Friedrich Wilhelm II. (1744-1797). „Die Regierung des neuen Königs ist überschattet von einem in Preußen bis dahin

Schloss Marquardt erstreckt sich malerisch inmitten einer großen Grünfläche.

unbekannten Günstlings- und Maitressenwesen", urteilt der Preußen-Ploetz. Bischoffwerder war Rosenkreuzer.

Der Bund der Rosenkreuzer geht auf drei von Johann Valentin Andreae (1586-1654) zu Beginn des 17. Jahrhunderts geschriebene Bücher zurück: *Fama Fraternitatis* (1614), *Confessio Fraternitatis* (1615) und *Chymische Hochzeit Christinani Rosenkreutz, anno 1459* (1616), die über einen von einem gewissen Christian Rosenkreutz gegründeten Orden berichten. Christian Rosenkreuz, der Protagonist, ist eine Romanfigur und die Forschung ist sich heute einig, dass es vor dem 17. Jahrhundert keine Rosenkreuzer gegeben hat. Es war eine Zeit religiösen Suchens. Die nach und aufgrund der Bücher J.V. Andreaes entstehenden Rosenkreuzer-Gemeinschaften trafen auf ein bestehendes spirituelles Bedürfnis, und das 18. Jahrhundert wurde schließlich eine große Zeit für sie. Immer mehr entwickelten sie sich zu einem Geheimbund, indem sie sich von der Öffentlichkeit abschotteten. Die von ihnen versprochene Erleuchtung des Eingeweihten sollte damals nur einem exklusiven Publikum zugänglich sein.

Der preußische Thronfolger war so gesehen ein passender Kandidat. „Friedrich Wilhelm wurde 1781, also noch vor seiner Krönung im Jahr 1786, als *Omesus magnus* in den Bund der Rosenkreuzer aufgenommen", erzählt Grittner. „Bischoffwerder als *Farferus* war sein Geleitsmann." Hans Rudolf von Bischoffwerder und Johann Christoph Woellner (1732-1800) – *Heliconus* –, ein weiterer Rosenkreuzer, nahmen starken Einfluss auf den als wankelmütig und leicht lenkbar beschriebenen Kronprinzen. Was sich auch prompt auszahlte, als Friedrich Wilhelm nach dem Tod seines Onkels Friedrich II. König wurde. Beide bekamen hohe politische Ämter, Woellner wurde in den Adelsstand erhoben, und man sagt insbesondere ihm nach, dass er seine Macht nutzte, um aufklärerisches Gedankengut zurückzudrängen. Das Religionsedikt vom 9. Juli 1788 trägt seine Handschrift. Religionsfreiheit blieb erlaubt, Religionskritik jedoch war von nun an verboten. Aufklärung ade.

Doch nun zur Grotte im Park von Schloss Marquardt und ihrer Bedeutung. „Friedrich Wilhelm, der Rosenkreuzer, hing ja schon als Kronprinz einem gewissen Wunderglauben an", weiß Chronist Grittner, „und so kann man sich vorstellen, dass die in der Grotte inszenierten Spektakel, mit sphärischen Klängen und Gesprächen mit Verstorbenen, einen großen Eindruck auf ihn machten. Manchmal erlitt er sogar Schwächeanfälle. Wie der König ausgetrickst wurde, war technisch ziemlich raffiniert."

Theodor Fontane (1819-1898) schreibt rund sieben Jahrzehnte später über die Besuche des Königs in Marquardt: „Die Dorftradition sagt, er kam in Begleitung weniger Eingeweihter, meist in der Dämmerstunde [...], passierte nie die Dorfstraße, sondern fuhr über den *Königsdamm* direkt in den Park, hielt vor dem Schlosse und nahm nun an den Sitzungen teil, die sich vorbereiteten. Man begab sich nach der *Grotte*, einem dunklen Steinbau, der im Parke, nach dem rosenkreuzerischen Ritual, in einem mit Akazien bepflanzten Hügel angelegt worden war." Die folgende detailgetreue Beschreibung der Grotte lässt darauf schließen, dass Fontane zumindest Reste davon besichtigt haben muss. Es gibt eine von ihm handgezeichnete Skizze aus dem Jahr 1869. Die blauen Lasursteine, der Kronleuchter, die doppelwandige Bauart – alles überliefert.

„Irgendwann in den 1860er-Jahren ist die Grotte abgerissen worden", erklärt Wolfgang Grittner. „Auf einem Plan von 1823 hat Peter Joseph Lenné, der ja den Park gestaltet hat, den Standort noch genau eingezeichnet. Und bis heute kann man mit etwas Glück blaue Steine auf dem Gelände finden." Grittner selbst hat eine ganze Sammlung davon.

Nach dem Tod des Königs verloren Woellner und Bischoffwerder ihre Macht. Somit erlosch auch die politische Einflussnahme des Bundes der Rosenkreuzer. Ihre große Zeit war vorbei. Von der Grotte blieb nicht viel mehr als ein paar Steine und die Geschichte ihrer mystischen, geheimnisvollen Aura, die eigentlich nur ein Trick war.

So geht's zum Schloss Marquardt:

Das Schloss steht im Potsdamer Ortsteil Marquardt in der Hauptstraße 14, es hat von der Hauptstraße aus zwei Zugänge.

Kinotür

Film ab! Hier stand Potsdams ältestes Kino

Wer nicht weiß, dass es hier ein Kino gab, dem wird die gläserne Tür in der Friedrich-Ebert-Straße 12 gewiss nicht weiter auffallen. Wer sich jedoch die Nase an der Scheibe platt drückt und einen Blick ins Innere wirft, dürfte sich wundern, dass sich im linken Bereich des Flurs eine Kasse befindet. Hier nimmt schon lange niemand mehr Geld ein, genauer gesagt seit 2004, als Potsdams ältestes Kino seine Pforten schloss.

„Im Hof des Hauses hat es fast hundert Jahre lang ein Lichtspielhaus gegeben", erzählt die Potsdamer Ethnologin Jeanette Toussaint, die der Geschichte der Potsdamer Kinos eine eigene Publikation gewidmet hat.

Seit die Bilder laufen lernten, waren Menschen davon fasziniert, und über viele Jahrzehnte hinweg zeigte sich das am wirtschaftlichen Erfolg der Kino-Unternehmer. Heute jedoch existieren bundesweit viele der allerersten Lichtspielhäuser nicht mehr, sind zerstört oder einer anderen Nutzung zugeführt.

„Der Drogist August Fähndrich eröffnete das *Lichtspiel-Theater* mit 242 Plätzen, das sich in einer umgebauten Remise seines Hauses befand und mit Rang und Logen ausgestattet war, am 22. September 1912", hat Jeanette Toussaint herausgefunden. „Zur Premiere liefen humorvolle Kurzfilme und Aktualitäten."

Bereits im Mai 1918 – ein halbes Jahr vor dem Ende der Monarchie – gab es einen Besitzerwechsel. Der Wilmersdorfer Architekt und Unternehmer Fritz Staar (1877-1956) erwarb das Kino und nannte es „Residenz-Lichtspiele", angelehnt an Potsdams Funktion als Sommersitz der preußischen Könige. Auch damals gab es schon Brandschutzauflagen. „Staar verstieß dagegen, als er zweimal vor überfülltem Haus Filme zeigte", berichtet die Kino-Kennerin. „Dafür musste er sich 1919 vor Gericht verantworten, was jedoch seinen Geschäftserfolg nicht aufhalten konnte." Ganz im Gegenteil: 1924 kaufte er die Potsdamer

Jeanette Toussaint weiß: Durch diese Tür geht es schon lange nicht mehr ins Kino.

„Obelisk-Lichtspiele“ und 1929 das „Alhambra“, das vormals „Lichtspiele Heinerici“ hieß und ebenfalls in Potsdam lag. Zudem gehörten ihm noch mehrere Kinos in Berlin. Seine Firma, die „Fritz Staar Lichtspielbetriebe“, unterhielt zwischen 1912 und 1945 13 Lichtspielhäuser in Berlin und Potsdam.

„Der Unternehmer gestaltete die Residenz-Lichtspiele um“, weiß Toussaint. „Eine Besonderheit war der zur Leinwand hin ansteigende Saal, sodass die Zuschauer während der Vorstellung den Kopf entspannt nach hinten lehnen konnten. Die Ladenflächen im Vorderhaus wurden als Warteraum für das Publikum mit einbezogen, nachdem Staar im Jahr 1935 das ganze Haus gekauft hatte.“

Den Zweiten Weltkrieg überstand das Kino weitgehend unversehrt, und nach Kriegsende gab es wieder Aufführungen. Im Jahr 1949 wurde es in „Melodie-Lichtspiele“ umbenannt. „Der in West-Berlin lebende Staar führte es zunächst noch als privater Unternehmer weiter“, erklärt Jeanette Toussaint, „aber ab 1952 ging es in staatliche Verwaltung über.“ Das Kino wurde zum Volkseigenen Betrieb. Ab 1974 erhielt es den Status eines Studio-Filmtheaters mit ausgewähltem Programm. Ein Kinocafé ergänzte das Angebot ebenso wie ein regelmäßiger Filmklub. Fritz Staars Tochter Ingeborg von Streletzky konnte nach 1990 wieder über das Haus verfügen. Das „Melodie“ wurde zuerst verpachtet und letztendlich im Jahr 2004 geschlossen. Heute erinnert im Hinterhaus nichts mehr daran, dass es hier einmal ein Kino gab.

Für etwas Kino-Nostalgie sorgt neben der alten Tür jedoch die 2018 eröffnete Pizzeria im Vorderhaus, die nicht nur den Namen „Melody“ trägt, sondern auch im Inneren mit einem Wandbild an das Kino mit seinen knallroten Sesseln erinnert.

So geht's zur Kinotür:

Die gläserne Tür befindet sich in der Friedrich-Ebert-Straße 12.

Seit 2003 keine Ruinen mehr: Blick auf Meierei und Leuchtturm. Der kleine Leuchturm befindet sich ganz links auf dem Bild. Bei dem turmartigen Gebilde in der Mitte handelt es sich um einen Schornstein.

11

Leuchtturm

Milch für Majestäten

Warum in einem einstigen Kuhstall heute Alkoholisches ausgeschenkt wird, kann Jürgen Solkowski erzählen, der seit 2003 in dem historischen Gemäuer Bier braut. Und warum am Ufer des Jungfernsees ein historischer Leuchtturm steht, weiß er auch: jedenfalls nicht, weil auf dem eher übersichtlichen Brandenburger Gewässer die Gefahr besteht, sich zu verirren.

Der Diplom-Brauingenieur kennt die Anlage wie seine Westentasche. „Im Jahr 1994, ich betrieb damals gerade ein Brauhaus mit Hotel in Spandau, erfuhr ich, dass die Stiftung Preußische Schlösser und Gärten einen Investor für die Meierei suchte", erzählt er, „und obwohl hier alles in einem schlechten Zustand war, griff ich zu. Denn ich hatte sofort diesen Traum – eine eigene Brauerei am Seeufer." Es hat nahezu zehn Jahre gedauert, bis aus dem Traum Wirklichkeit wurde. Im Jahr 2002 starteten nach langer Planungsphase die Bauarbeiten. Aber wer Potsdam kennt, der weiß: Solche Geschichten sind hier keine Seltenheit. Und so manches alte Gemäuer ist dank privater Initiativen nach langem Dornröschenschlaf wiederauferstanden.

„König Friedrich Wilhelm II. hat 1791 angeordnet, hier am Seeufer eine Meierei zu bauen", erzählt Jürgen Solkowski die Geschichte des Gebäudes. Die Pläne stammten von den Architekten Andreas Ludwig Krüger (1743-1822), dem Potsdam unter anderen den Kutschpferdestall am Neuen Markt verdankt, und Carl Gotthard Langhans (1732-1808), dem Schöpfer des Brandenburger Tors in Berlin. „Dazu gehörten ein Kuhstall und die Wohnung des Meiers. Es wird erzählt, der König sei oft hierhergekommen, deshalb gab es sogar ein eigenes Zimmer für ihn." Und ganz im Gegensatz zu der Annahme, königliche Majestäten würden rund um die Uhr Wein und Champagner trinken, ließ sich der für seinen eher lockeren Lebenswandel bekannte Friedrich Wilhelm II. hier tatsächlich Milch servieren. „Angeblich trank er die immer aus grünen Gläsern", erzählt der Braumeister lächelnd.

Braumeister Jürgen Solkowski vor seinem Sudhaus: Hier hat sich einst Prinz Philip von ihm die Brauereikunst erklären lassen.

Die Meierei versorgte den königlichen Hof jedenfalls zuverlässig mit Milchprodukten, und um das Jahr 1800 eröffnete hier ein erster Ausschank: Milch, Kaffee, Tabak und Branntwein. Die fröhliche Mischung schien zu gefallen. Ein neues, beliebtes Ausflugsziel war geboren. „Friedrich Wilhelm IV. hat dann 1843/1844 das Gebäude nach Entwürfen von Ludwig Persius zu einer Meierei-Villa umbauen lassen", erzählt Solkowski von der weiteren Nutzung. Der mit Turm und Zinnen im Burgenstil gehaltene Bau verfügte unter anderem über königliche Teezimmer. „Zur Aufwertung gehörten auch die heute noch so typischen Uferterrassen aus Kalksandstein und der Leuchtturm, der mit seinem Licht einfach für ein schönes Ambiente sorgte, wenn die Herrschaften abends vom See her zur Meierei anreisten."

Die Milchwirtschaft wurde im Jahr 1861 eingestellt und die ganze Anlage diente nun auch technischen Zwecken. Ein Dampfpumpwerk samt 30 Meter hohem Schornstein zur Bewässerung des Neuen Gartens war bereits in den Jahren 1856/57 gebaut worden.

„Bis zum Ende des Zweiten Weltkriegs wurden hier Gäste bewirtet", weiß der Braumeister, „danach kam dann aber eine rund 60-jährige Pause, denn nach Kriegsende brannte alles aus. Man erzählt sich, dass von Soldaten der Roten Armee zum Trocknen aufgehängte Mäntel über den Öfen ein verheerendes Feuer ausgelöst hätten. Lediglich die Pumpstation blieb in Betrieb, aber als dann 1961 die Mauer kam und das Gelände somit im Grenzstreifen lag, war der weitere Verfall besiegelt."

Als Jürgen Solkowski das Grundstück zum ersten Mal betrat, fand er nur notdürftig gesicherte Ruinen vor. Was manch einem vielleicht einen Grund zum Weglaufen gegeben hätte, spornte den Braumeister nur an. Denn da war ja dieser Traum …

Der seit 2003 nun Wirklichkeit ist. Jährlich laufen hier 1.200 Hektoliter frisch gebrautes Bier durch durstige Kehlen. Von Hellem über Schwarz-, Bock- und Rotbier ist für jeden Biergeschmack etwas dabei. Und dass Majestäten nicht nur Milch, sondern auch gern etwas Alkoholisches trinken, bewies im Jahr 2004 hoher Besuch aus dem Vereinigten Königreich. Prinz Philip, Ehemann von Königin Elisabeth II., ließ sich hier ein Glas „Meierei hell" schmecken.

Das lässt sich leicht nachahmen. Ob vom Wasser oder vom Lande her, die Meierei ist ganzjährig zu erreichen – auch ohne Hilfe eines Leuchtturms.

So geht's zum Leuchtturm:

Der Leuchtturm steht an der Uferterrasse der Meierei, Im Neuen Garten 10.

Ceci n'est pas un château.

12

Schriftzug am Landtag

Blickwinkel ändern erwünscht

Als Künstlerin Annette Paul von der Ausschreibung des Wettbewerbs *Kunst am Bau* für den Neubau des Landtagsgebäudes hörte und sich ohne zu zögern entschloss, daran teilzunehmen, kam ihr zuerst eine Tabakspfeife in den Sinn. „Das hängt mit Friedrich Wilhelm I. zusammen, dem Soldatenkönig", erklärt sie, „er baute Potsdam zu einer Garnisonsstadt aus. Man weiß, dass er für Luxus überhaupt nichts übrighatte. Nur sein Tabakskollegium war ihm ein Anliegen – und das gönnte er sich. Es gab einen eigenen Raum dafür im Schloss." Die reinen Männerrunden unter dem Preußenkönig sind legendär, und so wäre es durchaus denkbar gewesen, den Innenhof des Schlossneubaus mit einer überdimensionalen Pfeife zu versehen. „Schließlich hat mich Magrittes berühmtes Bild einer Pfeife inspiriert", sagt sie. Spannenderweise führten ihre weiteren Überlegungen nicht dazu, eine Pfeife zu entwerfen, sondern die Künstlerin wählte für ihren Entwurf einen philosophischen Ansatz – und der hat mit dem Spiel von Schein und Sein zu tun. Wie bei René Magritte (1898-1967). Das von dem aus Belgien stammenden Surrealisten in den Jahren 1928/29 gezeichnete Werk zeigt eine Pfeife. Kein Zweifel. Doch warum schreibt er *Ceci n'est pas une pipe* in feiner Schreibschrift darunter und behauptet somit, dies sei keine Pfeife?

„Das Bild löste damals große Diskussionen aus", weiß Annette Paul, die an der Hochschule für Bildende Künste in Dresden studiert hat. Und das nicht nur in Künstlerkreisen. Magritte nannte einen ganzen Zyklus seiner Werke *Verrat der Bilder* und erklärte, er thematisiere mit seinem Werk unsere Wahrnehmung. Ist, was wir sehen und wahrnehmen, wirklich real? Oder ist es nicht vielmehr ein Produkt unserer ganz ureigenen Gefühle und Gedanken verbunden mit Erinnerungen und Illusionen? Und somit einzigartig und individuell.

Und würde es sich mit dem Landtag nicht ganz genauso verhalten, fragte sich die Künstlerin. „Was wir sehen, ist ein Schlossneubau, aber

Künstlerin Annette Paul gefällt, dass der Schriftzug den Schein hinterfragt.

es ist kein Schloss, auch wenn es so scheint, und genau das wollte ich zum Ausdruck bringen." So gefällt ihr auch, dass der von ihr entworfene vergoldete Schriftzug *Ceci n´est pas un château*, den sie schließlich statt der ursprünglich angedachten Pfeife wählte, weithin sichtbar an der äußeren Fassade leuchtet. Denn in der Ausschreibung wurde eigentlich ein Kunstwerk für den Innenhof des Landtags gesucht. Und das gibt es dort auch. „Den ersten Preis hat Florian Dombois gewonnen. Seine beiden Pavillons, die mit dem Titel *Zugabe* überschrieben sind, zieren seit 2014 tatsächlich den Innenhof", erklärt sie. „Ich gewann den zweiten Preis, und es wurde ein passender Platz für beide Werke gefunden."

Annette Paul verweist auf ein weiteres bekanntes Spiel mit Sein und Schein, das auch vielen Betrachtern recht schnell auffällt. „Wir müssen nur einen Buchstaben tauschen: das „t" gegen ein „p", aus Chateau wird Chapeau – und dann haben wir das französische Wort für Hut." Und einen Hut, der eigentlich gar keiner ist, gibt es auch bei Antoine de Saint-Exupéry (1900-1944) in seinem legendären Buch *Der Kleine Prinz*. Das, was aussieht wie ein Hut, ist nämlich eine Schlange, die einen Elefanten verschluckt hat. „Mir haben schon etliche Menschen gesagt, dass sie das Augenzwinkernde im Schriftzug mögen", sagt die Künstlerin, die genau das beabsichtigte. Der Bau des Landtags wurde seinerzeit in der Stadt kontrovers diskutiert. „Ich habe mir gewünscht, dass Schlossbefürworter und Schlossgegner darüber schmunzeln können." Eine Prise Humor hilft eben immer.

An der Stelle, an der bis 1959 das Potsdamer Stadtschloss stand, befindet sich nun das Landtagsgebäude, das aussieht wie das einstige Schloss. Und doch keines ist.

Und in dem Betrachter und Betrachterinnen sowieso das sehen, was sie möchten. Ganz individuell.

So geht's zum Schriftzug am Landtag:

Am Alten Markt 1 befindet sich der Schriftzug am Westflügel des Landtags.

Geowissenschaftler Dr. Oliver Bens erklärt die Funktion des geodätischen Ensembles.

13

Mirenhäuschen

Zweckbauten mit verwunschener Ausstrahlung

Beim Anblick der hexenhausähnlichen Wellblech-Häuschen am Fuße eines nicht weniger rätselhaft aussehenden Turms inmitten von fröhlich wucherndem Grün geht die Fantasie sofort auf die Reise. Womit mögen wir es hier wohl zu tun haben? Bevor die Gedanken ins Märchenreich davongaloppieren, ist es besser, einen renommierten Wissenschaftler zu fragen. Schließlich liegen die Objekte mitten auf dem Telegrafenberg. Wie allgemein bekannt ist, befinden wir uns somit im Reich der Forschung – und das bereits seit rund 140 Jahren. Ohne diesen Ort, an dem die wissenschaftliche Geodäsie, die moderne Meteorologie, die Seismologie und die Vermessung des Erdmagnetfeldes ihren Anfang nahmen, ist moderne Geo-Wissenschaft kaum denkbar.

„Von hier aus wurden sehr wichtige Beiträge zur Vermessung der Erde und zum Verständnis des Erdsystems geleistet", erklärt Geowissenschaftler Dr. Oliver Bens. „Ein zentraler Punkt des Ganzen ist der 15 Meter hohe Helmert-Turm. Die Gebäude drum herum, so auch diese *Mirenhäuschen* genannten kleinen Wellblechbauten, sind Teil eines Ensembles der geodätischen Forschung." Professor Friedrich R. Helmert (1843-1917) gilt als Begründer der modernen Geodäsie – der Wissenschaft von der Ausmessung und Abbildung der Erdoberfläche. Er hat den 1893 eingeweihten Turm in Auftrag gegeben – später wurde er nach ihm benannt. Der Turm besitzt eine Drehkuppel. „Sie diente zur optischen Messung von geodätischen Winkeln und somit der Landvermessung", erklärt Bens. „Direkt daneben wurde der Potsdamer Wert der Erdanziehung gemessen, der dann von 1909 bis 1971 der weltweit geltende Referenzwert der Fallbeschleunigung war."

Mirenhäuschen im Grünen.

Schon seit Menschen sesshaft wurden, begannen sie die Erde zu vermessen. Es ist eine uralte Wissenschaft, deren Methoden immer ausgefeilter wurden. Die Geodäsie hilft uns, die Erde in ihren Ausmaßen zu verstehen. Schließlich wollen wir wissen, wie viele Kilometer Potsdam von Sankt Petersburg entfernt liegt oder wie groß Australien ist. Und wen das nicht interessiert, der profitiert dennoch von der Geodäsie. Sei es, wenn er im Auto sitzt und sich per Navi von Berlin nach Magdeburg lotsen lässt oder wenn er ein Grundstück kauft, dessen Größe vorher genau ausgemessen wurde, sodass der neu gepflanzte Apfelbaum nicht aus Versehen im Garten des Nachbarn steht.

Das Ensemble von Bauten rund um den Helmert-Turm wurde errichtet, um die sogenannte Seitenrefraktion zu erforschen. Der Lichtstrahl, der zur Erdvermessung dient, kann nämlich abhängig von Druck, Temperatur und Feuchte abgelenkt werden und somit die Messergebnisse beeinflussen. „Es gab deshalb auf dem Ravensberg und im Königswald – beide bei Potsdam – zwei sogenannte Fernmiren, also Zielmarken, die mit dem Turm zusammen eine feste Mess-Strecke bildeten", erklärt Oliver Bens. „Die Fernmiren waren mit elektrischen Lampen ausgestattet, bei Tag und Nacht konnten die Winkelmess-Instrumente des Turms dieses Licht anvisieren und dazu wurden die Werte der Atmosphäre gleich mitbestimmt."

Die kleineren Mirenhäuschen beim Helmert-Turm haben aber mit den Licht-Messungen nichts zu tun, sie dienten vor allem zur Eichung der benötigten Instrumente. Wichtig sind sie trotzdem, denn die Geo-Wissenschaft basiert häufig auf Systemen vieler Instrumente, und jedes für sich genommen erfüllt seinen eigenen Zweck in den verteilten Netzwerken.

In den Jahren 1966/67 wurde der Helmert-Turm umgebaut, um ein Satelliten-Teleskop von Carl-Zeiss, Jena, aufnehmen zu können. Die letzte Sanierung des Turms erfolgte 1978, noch bis 1993 wurden von hier aus Laser-Entfernungsmessungen zu Satelliten durchgeführt. Dann jedoch endete seine Nutzung und der Verfall begann.

Nicht nur Oliver Bens wünscht sich, dass der Turm und das umliegende Gebäudeensemble saniert und der Öffentlichkeit als bedeutendes Zeugnis der Wissenschaftsgeschichte zugänglich gemacht wird. Die Deutsche Stiftung Denkmalschutz sammelt dafür Spenden.

So geht's zu den Mirenhäuschen:

Das Gebäudeensemble befindet sich auf dem Telegrafenberg.

Das schmiedeeiserne Schmuckstück erinnert an die Geschichte der Straßenbahn.

14

Fahrleitungsrosette

Auf den Spuren der „Elektrischen“

Wer sie einmal an einer Häuserwand entdeckt hat, der erkennt sie immer wieder – die manchmal schmucklosen, aber oft hübsch verzierten alten Halterungen für die Oberleitung der Straßenbahn. Richtig nostalgisch sieht das aus und viel schöner als die dicken modernen Masten, von denen die Leitungen heute gehalten werden.

Ein malerisches Relikt ist so eine Rosette allemal, erinnert sie doch daran, dass die Geschicke der Straßenbahn in Potsdam enorm vielen Veränderungen unterworfen waren. Und das hat manchmal mit technischen Veränderungen zu tun, aber noch öfter spielte hier die Weltpolitik eine Rolle. „Viel hat sich über die mehr als 140 Jahre getan, seit die erste Pferdebahn durch Potsdam fuhr“, sagt Robert Leichsenring, der sich mit dem Potsdamer Nahverkehr bestens auskennt und im Verein Historische Straßenbahn Potsdam e.V. mitarbeitet. „Das Netz ist größer geworden, einige Strecken sind verschwunden."

Auch dass in der Babelsberger Daimlerstraße einst eine Straßenbahn fuhr, ist gut zu erkennen, denn die Schienen liegen noch da. Aber ab der Voltastraße sind sie plötzlich mit Teer ausgegossen oder unterbrochen. Keine Straßenbahn mehr für Babelsberg. Jedenfalls nicht an dieser Stelle. Warum eigentlich? An der Beliebtheit des Verkehrsmittels kann es jedenfalls nicht liegen.

Robert Leichsenring weiß: Der Wandel im Zuge der geschichtlichen Ereignisse hat – seit am 17. Oktober 1908 die erste Straßenbahn von Potsdam nach Babelsberg fuhr – auch vor diesem beliebten Verkehrsmittel nicht Halt gemacht. Babelsberg hieß damals noch Nowawes und gehörte nicht zu Potsdam, weshalb es im Vorfeld des geplanten Straßenbahnbaus Verhandlungen und Verträge zwischen den benachbarten Gemeinden gegeben hatte. Vom Telegrafenberg (siehe Geheimnis 22) gab es sogar Einwände dagegen, denn die Wissenschaftler befürchteten durch den elektrischen Straßenbahnverkehr eine Verfälschung ihrer Messergebnisse im Paläomagnetischen Labor, was sich letztlich auch bewahrheitete. Von 1880 an hatte es im Potsdamer Stadtgebiet zwar schon eine Straßenbahn gegeben, aber die Wagen wurden von Pferden gezogen und deren klappernde Hufe störten die wissenschaftlichen Messungen nicht. Diese Ära der Pferdebahn währte bis 1907, ab da wurde auf elektrischen Betrieb umgestellt, denn der Wunsch und der Bedarf nach einem modernen öffentlichen Verkehrsmittel war groß – auch in Babelsberg.

„Von 1880 an hatte es im Potsdamer Stadtgebiet zwar schon eine Straßenbahn gegeben, aber die Wagen wurden von Pferden gezogen und deren klappernde Hufe störten die wissenschaftlichen Messungen nicht."

Die ab 1908 verkehrende Linie D fuhr zwischen dem heutigen Platz der Einheit, damals Wilhelmplatz, bis zur Plantagenstraße in Babelsberg. Eine zwischenzeitliche Stilllegung der Strecke aufgrund von Bauarbeiten an der kreuzenden Eisenbahnstrecke hielt die Entwicklung der „Elektrischen" nicht auf.

Im Jahr 1930 wurden die Linienbezeichnungen auf ein Zahlensystem umgestellt: So wurde die Linie D zur Linie 4. Weitere Ausbauten erfolgten: 1935 war das Potsdamer Straßenbahnnetz auf 19,5 Streckenkilometer angewachsen.

Bedingt durch den Zweiten Weltkrieg kam es zu Schwierigkeiten im Nahverkehr. „Es musste Strom gespart werden“, erklärt Robert Leichsenring. „Der Personenverkehr wurde ausgedünnt. Stattdessen schuf man Anschlussgleise zu kriegswichtigen Betrieben, also eine Güterstraßenbahn.“ Nach der Einschränkung des Verkehrs im Winter 1944/45 gab es im Februar 1945 schließlich nur noch den Güterverkehr. Doch auch dieser kam zum Erliegen, nachdem die Stadt am 14. April 1945 durch einen Bombenangriff großflächig zerstört worden war. „Außerdem sprengte die Wehrmacht einen Teil der Langen Brücke“, weiß Robert Leichsenring. „Das heißt, auch die Verbindung nach Babelsberg war gekappt.“ Ab 14. Januar 1946 konnte der Straßenbahnbetrieb in den Stadtteil schließlich wiederaufgenommen werden.

Das Straßenbahnschild hat Robert Leichsenring im Internet erworben. Er steht auf den Resten der einstigen Babelsberger Linienführung.

„Mit dem Mauerbau kam es erneut zu großen Veränderungen“, erzählt der Stadtkenner weiter. „Der S-Bahnhof Babelsberg wurde als Haltepunkt fast bedeutungslos, denn eine Weiterfahrt nach Griebnitzsee oder gar Richtung Berlin war nicht mehr möglich – Griebnitzsee war ja bereits im Sperrgebiet. Wer nach Ost-Berlin wollte, musste den sogenannten Außenring und den neuen Potsdamer Hauptbahnhof in der Pirschheide benutzen."

1961 wurde das Potsdamer Liniennetz komplett neu geordnet und an die neuen Verkehrsströme angepasst: Die Linie 4 fuhr nun von Babelsberg zum neuen Hauptbahnhof (siehe Geheimnis 50).

Robert Leichsenring hat im Internet ein Schild dieser Linie ergattert. Er ist froh über dieses Relikt, denn auch auf ihm lässt sich der Wandel ablesen. „Die dort aufgeführte Professor-Ludschuweit-Allee heißt heute Kastanienallee", erklärt er. „So hieß sie auch schon früher, wurde aber 1967 nach dem sogenannten ‚Retter von Sanssouci' benannt. Da sich die ‚Rettung' als sozialistischer Mythos entpuppte, wurde sie 1992 zurück benannt." Auch die Station Potsdam West hat heute einen anderen Namen, sie heißt wieder Charlottenhof.

Dass es die „Linie 4" heute nicht mehr gibt, macht das alte Schild für den Straßenbahn-Fan nur noch kostbarer. „Nach der Wende hat sich ja im Nahverkehr wieder allerhand geändert", sagt er. „Im Juni 1991 wurden die Potsdamer Straßenbahnlinien in Vorbereitung auf die Gründung eines Verkehrsverbundes mit Berlin auf zweistellige Nummern umgestellt. Aus der Linie 4 wurde die Linie 94. Und im Jahr 1992 wurde die alte Trasse von Potsdam nach Babelsberg stillgelegt. Schon seit 1985 verbindet eine Neubaustrecke über die Humboldtbrücke Babelsberg viel effizienter mit dem Stadtzentrum. Die Fahrgastzahlen auf der alten Trasse waren einfach zu niedrig, und die notwendige Sanierung sparte man sich unter diesen Voraussetzungen."

Heute kann man mit der Linie 94 von Potsdam nach Babelsberg auf neun Kilometern eine ganze Menge von der Stadt sehen und an insgesamt 22 Haltestellen aussteigen. Alte Straßenbahnschilder wie Robert Leichsenring sie besitzt, sind aus dem Stadtbild verschwunden, aber wer mag, kann bei der nächsten Fahrt immerhin noch nach den Fahrleitungsrosetten Ausschau halten.

So geht's zur Fahrleitungsrosette:

Die Straßenbahnrosette befindet sich in der Kastanienallee 39.

15

Zweigeschossiges Haus

Kolonistendorf wird Stadtquartier

Der Potsdamer Ortsteil Babelsberg hat seine ganz eigene Geschichte. Und warum ein zweistöckiges Haus hier einst Aufregung erzeugte, weiß Sabine Ambrosius. Sie hat viele Jahre als Denkmalpflegerin in Potsdam gearbeitet und ist bis heute im Netzwerk der Potsdamer Kulturerben aktiv.

„Ab 1750 warb Friedrich II. protestantische Weber und Spinner an, die als Glaubensflüchtlinge Böhmen verlassen mussten", erzählt sie. „Mit der *Peuplierungspolitik* wurde gezielt die Neuansiedlung von Facharbeitern und zugleich treuen Untertanen betrieben."

Der Name der Weber- und Spinnerkolonie „Nowawes" – mit einem langen „E" – kommt aus dem Slawischen und bedeutet „Neuendorf", denn sie wurde auf einer Sandscholle der Neuendorfer Bauern errichtet. „Die *Kolonie bey Potsdam* umfasste einst 210 identische Bauten. Die kleinen eingeschossigen Häuser waren jeweils für zwei Nutzer gebaut: Einen Eigentümer und einen Mietsmann, die jeweils mit ihren Familien einzogen. Jede Haushälfte trennte ein mittiger, von beiden Familien genutzter Flur, von dem aus beidseitig Stube und Kammer erschlossen wurden. Die Küche lag in den ersten Häusern noch zur gemeinsamen Nutzung in der Mitte des Flures als sogenannte schwarze (fensterlose) Küche und wurde erst im 2. Bauabschnitt zur Alleinnutzung an die Gartenseite einer jeden Wohnung gelegt. Die Dächer waren zur Barockzeit nicht ausgebaut, sondern dienten als Lager", erklärt die Kunsthistorikerin. „Die zumeist langgezogenen Grundstücke boten den Familien die Möglichkeit, sich durch Gartenanbau selbst zu versorgen." Am Ende sei das, was eigentlich so schön klinge, doch bei Weitem nicht so gewesen, da der Boden minderwertig war und auch die Häuser aus minderwertigem Material und zudem überwiegend durch Laien – nämlich die Kolonisten selbst – errichtet worden waren. „In der Stube befand sich der Webstuhl, und das Rütteln wird seinen Teil dazu beigetragen haben, dass die kleinen Fachwerkhäus-

Sabine Ambrosius betreute als Denkmalpflegerin viele Sanierungen im Weberviertel.

chen schnell sanierungsbedürftig wurden", berichtet Sabine Ambrosius. „So ist die Geschichte der Weberhäuser auch eine Geschichte der anhaltenden Reparatur, und kaum ein Haus hat sein Erscheinungsbild der Erbauungszeit bis heute bewahrt."

Erst Mitte des 19. Jahrhunderts kam es zum Aufschwung der Textilindustrie. Die neu angelegte Eisenbahn von Berlin nach Potsdam und der 1866 eingerichtete Haltepunkt Nowawes beförderte die Industrialisierung. Der Neubau von Fabriken löste zunehmend die Heimarbeit der verarmten Nowaweser Weber ab. Das Ortsbild begann sich radikal zu verändern.

Der Sozialreformer August Wichgraf (1811-1901), preußischer Verwaltungsbeamter und Beauftragter für die Kolonie Nowawes, veröffentlichte 1862 dazu eine Schrift: *Geschichte der Weber-Colonie Nowawes bei Potsdam, und Darstellung der von der Regierung zur Aufhilfe ihrer verarmten Bewohner ergriffenen Maßregeln.* „Mit den Wichgraf'schen Reformen gelang es, den Modernisierungsprozess des Webereibetriebes einzuleiten und damit das Elend der Bevölkerung zu lindern", sagt Ambrosius. Und da er die Bedeutung von Bildung erkannte, sorgte er unter anderem dafür, dass die Kinder ein neues, größeres und nach technischem und ästhetischem Standard hochmodernes Schulhaus bekamen. „Mehr Platz zum Lernen – das erste zweigeschossige Haus in Nowawes aus dem Jahr 1857-58 war eine Schule, also ein öffentliches Gebäude. Es befand sich am zentralen Weberplatz direkt neben der Kirche auf der Gartenfläche des älteren Schulhauses. Damit gab der Staat selbst den Anstoß zu einer neuen Höhenentwicklung, wie man heute sagen würde."

Mehr Platz zum Lernen – das erste zweigeschossige Haus in Nowawes aus dem Jahr 1857-58 war eine Schule.

Eine Reaktion darauf ist prompt nachzuweisen: Ambrosius fand in den Archivalien ein Dokument aus dem Jahr 1867, aus dem die Empörung der Bevölkerung hervorgeht, als ein Privatier es wagt, in dem durchgängig eingeschossigen Dorf sein Kolonistenhaus in der heutigen Garnstraße um ein Geschoss aufzustocken. „Das war dann der Deichbruch und die großstädtische Entwicklung des Dorfes nahm ihren Anfang."

Heute ist Nowawes ein Ort, in dem viele Zeitschichten ablesbar sind. Eingeschossige Weberhäuser stehen neben viergeschossigen Mietshäusern der Gründerzeit und daraus entstand die heute so charakteristische Babelsberger Mischung. Das Gesicht der einstigen Weberkolonie ist noch erkennbar, aber eben auch die Entwicklung zum Potsdamer Stadtteil mit großen Vorder- und Hinterhäusern, und das alles macht es heute so charmant. Dabei war der Abriss ganzer Straßenzüge schon beschlossene Sache. „Modelle aus den 80er-Jahren zeigen, dass es Planungen mit Punkthochhäusern um die Friedrichskirche gab, um dem ganzen Ortsteil ein neues Gesicht zu verpassen", weiß Ambrosius. Man mag es sich lieber nicht ausmalen.

Die politische Wende gab dem Ort eine neue Chance: Ab 1991 konnten Denkmalschutz, Stadtsanierung und engagierte Bürger mit der behutsamen Sanierung beginnen. Die noch bestehenden Weberhäuschen wurden oft mühevoll saniert, und auch eine maßvolle Nachverdichtung war Bestandteil des Konzeptes. Aufstockung war keine Option.

Beim Spaziergang durch den malerischen Ortskern mag sich manch einer über die etwas urig aussehenden Zäune wundern. Sabine Ambrosius lächelt. „Selbst die Holzlattenzäune stehen unter Denkmalschutz, denn sie sind charakteristisch für das alte Nowawes", sagt sie. Die Freude über den Erhalt dieses einzigartigen Teils Potsdamer Geschichte ist der Kunsthistorikerin anzusehen.

So geht's zum zweigeschossigen Haus:

Das ehemalige Schulhaus befindet sich am Weberplatz 13.

Hier kann die Fantasie mit dem Flugschiff auf Reisen gehen.

16

Flugschiff

Traum vom Reisen

Was ist das wohl? Ein Fisch oder ein Vogel? Ein Schiff oder ein Flugzeug? Keins von alledem – und von allem ein bisschen: Das „Flugschiff" genannte Kunstwerk am Parkhaus in der Schiffbauergasse schickt die Fantasie in die Ferne. Und hat dabei selbst schon eine Reise hinter sich, denn ursprünglich war es am Haus des Reisens befestigt, das ab 1968/69 in der Friedrich-Ebert-Straße/Ecke Yorckstraße stand und im Jahr 2009 abgerissen wurde.

Peter Degener, Journalist und Potsdamer mit Leidenschaft für seine Heimatstadt, interessiert sich schon für Geschichte, seit seine Großmutter ihm als Kind von früher erzählte. So geht er in der Stadt immer wieder auf Spurensuche und begleitet den Wandel manchen Stadtquartiers – wie auch den der Schiffbauergasse am Ufer des Tiefen Sees. „Früher hat die Garde-Husaren-Kaserne die Gegend geprägt, die dazugehörigen Pferdeställe, die Zichorienmühle und ein Waschhaus", erzählt er. „Später kam das Gaswerk dazu, das hier von 1856 an die Stadt mit Gas versorgte. Am Seeufer ragte der dazugehörige Koksseparator, ein über 30 Meter hohes Gebäude, empor. Die Spuren dieser alten Nutzung sind heute noch da, aber es haben überall neue Gewerbe Einzug gehalten." Dazu Kunst und Kultur – nicht zuletzt durch den Bau des Hans-Otto-Theaters am Seeufer – das ursprünglich auch an einer anderen Stelle geplant war. Alles ist in Bewegung!

Journalist Peter Degener hat den Umzug des Flugschiffs und den Wandel des Quartiers Schiffbauergasse über Jahre verfolgt.

Das Flugschiff der Künstler Peter Rohn und Christian Roehl (1940-2013) ist im Jahr 1974 entstanden. Edelstahl und Kupfer verschmelzen zu einem neun Meter langen Traum vom Reisen, den sich die Bürger der DDR bekanntermaßen nur in sehr begrenztem Maße erfüllen durften. Aber Fantasie kennt keine Grenzen und die Kunst verleiht ihr Flügel. Ganze sechs Jahre blieb das Flugschiff eingelagert, bis es 2015 seinen neuen passenden Platz am Parkhaus bekam.

Auch der benachbarte Gasometer, ein weiterer Teil der ehemaligen Gasanlage, ist heute ein Kulturstandort. „Noch bis 1990 wurde hier mittels Kohlevergasung Stadtgas produziert", erklärt Journalist Degener. „Dann ist ab 2001 rückgebaut und saniert worden." Heute befindet sich im Innern des einstigen Gasbehälters die Werkstatt des Hans-Otto-Theaters und eine Bühne.

Wo einst Hufe klapperten und später Kohlestaub den See bedeckte, ist heute ein lebendiges Kunst-und-Kultur-Quartier entstanden, das sorgsam städtebauliches und künstlerisches Erbe integriert.

So geht's zum Flugschiff:

Das Kunstwerk hängt am Parkhaus in der Schiffbauergasse 14.

Jeanette Toussaint hat über die Geschichte der Schule und ihrer Schülerinnen recherchiert.

17

Steinerne Tafel

Ein Haus in Frauenhänden

Dass einen Bewohner dieses Hauses ein tragisches Ende ereilte, erfährt, wer die Inschrift auf der steinernen Tafel liest, die hier angebracht ist. Der hier geborene Max Dortu wurde standrechtlich erschossen, ist da zu erfahren. Und dass er für die deutsche Einheit kämpfte. Mit Deutscher Einheit ist allerdings nicht die Wiedervereinigung gemeint. Doch wer in Geschichte aufgepasst hat, kann an der Jahreszahl auf der Tafel gleich ein bedeutendes historisches Ereignis zuordnen. 1848. Das Revolutionsjahr.

„Max Dortu, mit vollem Namen Johann Maximilian Ludwig Dortu, der hier am 29. Juni 1826 geboren wurde, war das einzige Kind des wohlhabenden Juristen Ludwig Wilhelm Dortu", beginnt Ethnologin und Stadtkennerin Jeanette Toussaint zu erzählen. „Der Vater war Nachfahre hugenottischer Einwanderer. Auch Max' Mutter Sophie Pauline Dortu, die 1802 in Potsdam geboren wurde, hatte eine französische Großmutter. Max Dortus Vater besaß das 1771 gebaute prächtige Haus seit 1825." Davor hatte es dem begüterten Tuchhändlers Johann Nikolaus Freytag gehört.

Der junge Max wuchs in einem Umfeld auf, in dem liberales Gedankengut zuhause war. Sein Vater Ludwig Dortu (1794-1858) war in Potsdam Stadtverordneter, und er war Neuerungen wie demokratischen Grundrechten, also Rede-, Versammlungs- und Pressefreiheit, Gleichheit aller Bürger vor dem Gesetz, in einem geeinten Staatswesen zugeneigt.

Von Frankreich kommend, breiteten sich seit 1848 Unruhen und Aufstände in Europa aus. Es gab gewaltsame Auseinandersetzungen. Der Wille des Volkes nach mehr Demokratie brach sich Bahn. Auch in mehreren deutschen Staaten – so wie im März 1848 in Berlin –, woraufhin Preußenkönig Friedrich Wilhelm IV. (1795-1861), der eigentlich keine Verfassung wollte, einlenkte. Im Mai desselben Jahres trat in der Frankfurter Paulskirche die erste nach freiem Wahlrecht gewählte gesamtdeutsche Volksvertretung zusammen. Im März 1849 wurde von dieser Nationalversammlung eine „Verfassung des Deutschen Reiches" verabschiedet, an dessen Spitze ein erblicher „Kaiser der Deutschen" stehen sollte, der zugleich König von Preußen war. Aber der von der Nationalversammlung gewählte damalige preußische König Friedrich Wilhelm IV. lehnte die Kaiserkrone ab, weil sie, wie er sagte, mit dem „Ludergeruch der Revolution" behaftet sei. Bis Mitte April 1849 hatten 28 deutsche Staaten die Verfassung angenommen, doch wurde sie von den beiden größten, Österreich und Preußen, sowie von Hannover, Sachsen und Bayern abgelehnt. Daraufhin flammten erneut Aufstände auf, die jedoch niedergeschlagen wurden. Max Dortu, der an der Revolution in Baden teilgenommen hatte, wurde festgenommen und am 31. Juli 1849 hingerichtet.

„Ende 1850 siedelten die Eltern ins südfranzösische Toulouse über", erzählt Jeanette Toussaint, deren eigene familiäre Wurzeln, wie der Name schon erkennen lässt, ebenfalls bis nach Frankreich reichen. Sie waren enttäuscht von der politischen Entwicklung und über die

Ablehnung des Gnadengesuches für ihren Sohn durch den preußischen König. Und sicher war es für die Dortus nicht leicht, weiter in einem Land zu leben, in dem ihr Sohn hingerichtet worden war. „Nach dem Tod Ludwigs im Jahr 1858 verkaufte die Witwe das Haus an die Stadt Potsdam.“

Und von da an gelangte das Gebäude für rund ein Jahrhundert in Frauenhände, denn hier wurde 1860 die erste städtische Bildungseinrichtung für Mädchen aus dem gehobenen Bürgertum als Höhere Töchterschule gegründet. „Davor gab es für Mädchen kaum weiterführende Schulbildung“, sagt Toussaint. „Die Schulgründung ist also durchaus ein Zeichen dafür, dass die Bildung von Mädchen ernster genommen wurde.“ Allerdings ging es dabei nicht um die Möglichkeit, eine Berufsausbildung anzuschließen oder zu studieren. Das war ihnen in den meisten Bereichen noch Jahrzehnte verwehrt. Die Töchter des Bürgertums sollten mit einer guten Allgemeinbildung standesgemäß in die Ehe gehen und gute Mütter werden.

Revolutionäres Blut. Die steinerne Tafel und der Straßenname erinnern an den Sohn der einstigen Besitzer.

Die Eröffnung erfolgte mit 372 Mädchen in acht, im Jahr 1883 wurde auf zehn Klassenstufen erweitert. Um 1900 lernten hier schon mehr als 600 Schülerinnen. Damit war das Gebäude zu klein. Und so wurde das Eckhaus Bäckerstraße 9 abgerissen und ein Neubau errichtet, die heutige Dortustraße 28.

„Von Beginn an wurden hier auch Mädchen zu Lehrerinnen ausgebildet. Daraus entstand 1877 das Städtische Lehrerinnen-Seminar“, erklärt Toussaint. „Für Frauen war das eine der wenigen Möglichkeiten, überhaupt in einem erlernten Beruf zu arbeiten. Ein Studium für Frauen war in Deutschland erst ab 1900 möglich. Im Zuge der preußischen Mädchenschulreform 1908 wurde die Schule dann zum zehnklassigen Lyzeum mit vierjährigem Oberlyzeum zur Lehrerinnenausbildung umgewandelt.“

„Im Zuge der preußischen Mädchenschulreform 1908 wurde die Schule dann zum zehnklassigen Lyzeum mit vierjährigem Oberlyzeum zur Lehrerinnenausbildung umgewandelt.“

Bis 1946 blieb das Haus ein Oberlyzeum und wurde von 1946 bis 1957 eine sogenannte Demokratische Einheitsschule, in der Mädchen und Jungen gemeinsam die ersten acht Klassen besuchten. In der Oberstufe blieben die Mädchen noch unter sich. „Ab 1949 gab es dann auch in der Oberstufe gemischte Klassen. Derzeit beherbergt das Haus eine Grundschule.“

Jeanette Toussaint findet es bemerkenswert, dass die Witwe Dortu das Gebäude an die Stadt und nicht in private Hände verkauft hat. Vermutlich wusste sie um die Pläne, dort eine Mädchenschule einzurichten. Und Bildung scheint ihr wichtig gewesen zu sein. So hatte sie testamentarisch verfügt, aus einem Teil ihres Nachlasses möge die Stadt eine Max-Dortu-Stiftung zur Unterstützung von armen Handwerkern und Gesellen gründen. Stadt und König lehnten ab.

Eine der bekanntesten Schülerinnen ist Bettina Hürlimann geb. Kiepenheuer (1909-1983), die Tochter des Verlegers Gustav Kiepenheuer. „Seinen Namen kennt jeder“, sagt Jeanette Toussaint, „doch nur wenige wissen, dass sich auch seine Tochter als Kinderbuchautorin, Verlegerin, Kinderbuchsammlerin und Übersetzerin von Kinderbüchern einen Namen machte. Unter anderem machte sie Astrid Lindgren in der Schweiz bekannt.“

So geht’s zur steinernen Tafel:

Die Tafel hängt am Schulgebäude in der Dortustraße 28/29 neben dem Haupteingang.

Engel

Dreimal Segen und ein Gebet

Majestätisch wirken die vier Engel, die von den Türmen den Nikolaikirche auf „ihre" Stadt hinunterblicken. Und das sind sie auch. Beinahe drei Meter ragen sie in die Höhe, was erst demjenigen auffällt, der die 223 Stufen – zum Teil über Wendeltreppen – bis zur Aussichtsplattform zurückgelegt hat und sich auf einer Ebene mit den Figuren befindet. Ein erhabener Anblick ist das: über die Stadt und das Umland. Und Potsdam wäre nicht diese geschichtsreiche, prallbunte, jeden Betrachter für sich einnehmende Stadt, wenn es nicht an jeder Ecke eine neue, spannende, manchmal rätselhafte Geschichte gäbe. So verhält es sich auch mit den vier Engeln aus Zinkguss, die der Berliner Bildhauer August Kiß (1802-1865) modellierte. Die Ausführung übernahm der Berliner Eisen- und Zinkgießer Moritz Geiß (1805-1875). Nach zwei unterschiedlichen Modellen schuf er insgesamt vier Engel – zwei mit segnender und zwei in betender Handhaltung. Knapp einhundert Jahre lang wachten die vier in rund vierzig Meter Höhe über Potsdam – und heute tun sie es wieder.

„Die Nikolaikirche ist während des Luftangriffs auf Potsdam am 14. April 1945 nicht so stark beschädigt worden wie die umliegenden Gebäude der Altstadt", erzählt Ralf Beschorner, der seit vier Jahrzehnten der Kirchengemeinde angehört. „Erst in den letzten Kriegstagen gab es bei den Kämpfen um Potsdam vom Brauhausberg her starken Beschuss durch die Rote Armee. Der Südwestturm – also vom Alten Markt aus gesehen der linke – wurde seiner Spitze beraubt."

Der Engel stürzte ab und wurde stark beschädigt. Doch dabei blieb es nicht. In der Gemeindechronik steht über die Schrecken jener Tage: „Erst am 5. Mai 1945 ist die St. Nikolaikirche durch Artilleriebeschuß in eine Ruine verwandelt worden. Die alles überragende Kuppel der Kirche, ein Wahrzeichen Potsdams, stürzte zusammen. Die größte Glocke, die Bußglocke zerschellte. Das Eingangsportal wurde völlig

Auf der Aussichtsplattform: Ralf Beschorner genießt den Blick auf die wald- und wasserreiche Umgebung der Stadt – und auf einen der vier Engel.

zerstört. Auch im Innern der Kirche entstanden schwere Schäden, die Orgelempore mit der wertvollen Orgel stürzte ein. Die Seitenemporen und die Apsisdecke wiesen große Brüche auf. Die gesamt Holzverkleidung der Kirche war verbrannt oder zerstört."

Doch der Wiederaufbau der nach Plänen des berühmten Architekten Karl Friedrich Schinkel (1781-1841) errichteten Kirche wurde trotz der zu erwartenden Mammutaufgabe 1948 vom Gemeindekirchenrat beschlossen. Die Arbeiten begannen, nachdem zuerst Schutt und Trümmer beseitigt und Sicherungsmaßnahmen getroffen worden waren, rund zehn Jahre nach der Zerstörung und sollten bis 1981 andauern.

Wer ganz genau hinsieht, erkennt, dass heute nicht zwei betende und zwei segnende, sondern ein betender und drei segnende Engel auf den Türmen wachen. Wie konnte das passieren? „Der Grund dafür, warum der 1945 abgestürzte betende Engel im Zuge des Wiederaufbaus durch einen segnenden ersetzt wurde, ist leider nicht bekannt", sagt Ralf Beschorner. Klar ist aber, wann das geschah: Im Jahr 1973 wurde der Südwestturm im Zuge der seit 1968 andauernden Fassadensanierung eingerüstet, und ab da wurde die Kirche wieder von vier Engeln behütet.

Die Hintergründe der Vertauschung des Engels bleiben also geheimnisvoll. Und wahrscheinlich fällt es ohnehin nur wenigen Besuchern auf, denn dem Gesamteindruck der Kirche, die heute nach einer Vielzahl von Sanierungsarbeiten in neuem Glanz erstrahlt, tut das keinen Abbruch. Als Mittelpunkt einer aktiven Gemeinde, Ort von kirchenmusikalischen Highlights und Ziel von rund 190.000 Touristen jährlich liegt definitiv eine ganze Menge Segen auf dem Bau im Herzen der Stadt Potsdam.

So geht's zu den Engeln:

Die vier Engel auf den Türmen der Nikolaikirche sind vom Alten Markt und besonders gut von der 42 Meter hohen Aussichtsplattform zu bestaunen.

Dietrich Dümcke hat sorgfältig zur Geschichte seines Wohnorts recherchiert.

19

Eingang

Hier wurde Hustensaft hergestellt

Als Dietrich Dümcke im Jahr 2019 seine Wohnung in der altersgerechten Wohnanlage Kurfürstenstift bezog, dauerte es nicht lange, bis er sich für die Geschichte seines neuen Domizils zu interessieren begann.

Recherche liegt dem ehemaligen Deutschlehrer und Diplompädagogen – und so begann er nachzuforschen: Der Gebäudekomplex steht in der Behlertstraße. Die verdankt ihren Namen nicht irgendeiner Berühmtheit, sondern dem Fährmeister Martin Behlert, der Mitte des 18. Jahrhunderts den Zoll für eine Brücke eintrieb, die sich damals an der heutigen Kreuzung von Kurfürsten- und Mangerstraße befand.

Möglicherweise tat er das so leidenschaftlich, dass die Brücke im Volksmund zur Behlertstraße wurde. Und er jetzt irgendwie doch berühmt ist.

Zurück zum Gelände, auf dem Dietrich Dümcke lebt und das heute „Kurfürstenstift“ heißt. Einer der Eingänge sieht noch genauso aus wie im Jahr 1927, als hier die Pharmazeutische Fabrik Taeschner ihre Arbeit aufnahm. Von dem etwas geduckten, schlichten Portal aus erreichten Besucher sowohl die Flure der Produktionsstätte als auch die Fabrikantenwohnung. „Hier wurde ein Hustenmittel auf Thymianbasis produziert, Pertussin“, erklärt Dietrich Dümcke. „Das gibt es übrigens heute noch, aber seinen Anfang hat alles in einer Berliner Apotheke genommen. Emil Taeschner, der Apotheker, hatte sich der Thymianpflanze gewidmet, deren Wirksamkeit gegen Husten schon seit dem Mittelalter belegt ist. Er entwickelte ein Hustenmedikament.“

Als er im Jahr 1900 starb, übernahm seine Witwe die Apotheke, später dann weitere Nachfahren. Dietrich Dümcke hat alte Adressbücher gewälzt, um das alles nachvollziehen zu können. Die Taeschners kauften 1925 ein leerstehendes Fabrikgelände in Potsdam, das vorher eine Seidenfabrik gewesen war. Jetzt war die Bahn frei für die Erweiterung der Produktion, und auch die wirtschaftliche Erholung Deutschlands nach 1924 erweiterte die Absatzmärkte.

Pertussin aus dem Hause Taeschner: Auf einem Flohmarkt fand Dietrich Dümcke diese originale Verpackung.

„Natürlich wurde das Gebäudeensemble vergrößert“, hat Dümcke herausgefunden. „So entstanden am Ostflügel repräsentative Wohnungen für die Fabrikantenfamilie und am Westflügel Lagerräume und Platz für den Fuhrpark. Die Produktionsstätte war modern, auch ein Labor gehörte dazu.“

Nach 1945 – die Fabrik der Taeschners war unversehrt geblieben – lief die Produktion weiter. 1952 ging sie in staatliche Verwaltung über. Die Taeschners produzierten nun in Kipfenberg/Bayern. In der DDR wurde Pertussin in der Behlertstraße bis 1971 hergestellt. Der Betrieb hieß nun VEB Chemisch-Pharmazeutische Fabrik Potsdam. „Ab 1971 ging die Produktion dann nach Rüdersdorf", weiß Dietrich Dümcke. „Und am Standort Behlertstraße wurden fortan Präzisionsschlösser gebaut."

Das Fabrikgelände stand seit dem Jahr 2005 erneut leer, war aber bereits 1999 ins Denkmalverzeichnis der Stadt aufgenommen worden. Ab 2008 wurde der Plan realisiert, an diesem industriegeschichtlich relevanten Ort altersgerechtes, komfortables Wohnen zu ermöglichen. „Die historische Bausubstanz sollte erhalten bleiben", sagt der pensionierte Lehrer. „Das war eine Aufgabe, denn es war alles in einem sehr verschmutzten und schlechten Zustand und im unteren Flur liefen sogar Schienen entlang."

„Die historische Bausubstanz sollte erhalten bleiben."

Aber jetzt, viele Jahre nach Fertigstellung des Kurfürstenstifts, findet Dietrich Dümcke das Ganze einfach gelungen. Der Mecklenburger fühlt sich in seiner neuen Heimat ausgesprochen wohl, wozu neben der geschmackvollen Sanierung der Gebäude sicher auch das Zusammenleben mit ebenso rührigen und interessierten Mitbewohnern beiträgt. „Einer von uns ist Pilot und hat vor ein paar Jahren bei einem Rundflug Luftaufnahmen vom Gelände gemacht." Der sogenannte Ruhestand ist auch nicht mehr das, was er mal war. Heutzutage kann er zu allerhand anregenden Umständen und Begegnungen führen.

So geht's zum Eingang:

Das Gebäude mit dem Portal steht in der Behlertstraße 29.

AN DIESER STELLE STAND DIE
SYNAGOGE
DER JÜDISCHEN
GEMEINDE
POTSDAMS.
IN DER NACHT VOM 9. ZUM
10. NOV. 1938 WURDE SIE
VON DEN FASCHISTEN AUS-
GEPLÜNDERT UND ZERSTÖRT.

Tafel
Wo einst die Potsdamer Synagoge stand

Manchmal lösen sich die Spuren der Vergangenheit vollständig auf und nur noch eine Gedenktafel kann helfen, die Erinnerung zu bewahren. So ist es auch mit der Potsdamer Synagoge geschehen, die am 14. April 1945 beim Bombenangriff auf Potsdam ausbrannte. Die Ruine stand bis 1955, dann ließ die Stadt dort Wohnhäuser bauen. Die Inneneinrichtung des Gebäudes, das im Jahr 1903 zu einer Zeit eingeweiht worden war, als die Potsdamer Jüdische Gemeinde rund 500 Mitglieder zählte, wurde in der Pogromnacht am 9. November 1938 geplündert und beschädigt. „Das Gemäuer blieb bestehen", erzählt Jeanette Toussaint. „Dass kein Brand gelegt wurde, war der Tatsache zu verdanken, dass die Synagoge direkt an die Post grenzte. Die wäre womöglich mit abgebrannt."

Jeanette Toussaint beschäftigt sich mit der Geschichte von Frauen, und wo es geht, holt sie diese auch aus dem Schatten der Geschichte hervor. So wie die von Anna Zielenziger (1867-1943), die ganze dreißig Jahre lang den Vorsitz des Israelitischen Frauenvereins Potsdams innehatte. „Sie wurde in eine Zeit hineingeboren, in der das deutsche Judentum wirtschaftlich und kulturell in Blüte stand, denn seit 1869 besaßen Juden durch das Emanzipationsgesetz des Norddeutschen Bundes rechtliche Gleichstellung mit den Christen", erklärt die in Potsdam geborene Ethnologin. „Auch Themen wie Bildung und Gleichberechtigung für jüdische Frauen und Mädchen haben dort ihre Wurzeln. Anna Zielenziger wurde in ein sehr vermögendes Elternhaus hineingeboren. Ihr Vater Immanuel Landsberger war in Glogau, Annas Geburtsstadt, ein angesehener und äußerst engagierter Bürger: Direktor einer Melasse-

„Sie wurde in eine Zeit hineingeboren, in der das deutsche Judentum wirtschaftlich und kulturell in Blüte stand."

Jeanette Toussaint hat sich mit dem Leben Anna Zielenzigers beschäftigt, die zur jüdischen Gemeinde gehörte und dem Israelitischen Frauenverein vorstand.

futterfabrik und Seniorchef einer Getreidefirma." Zudem fungierte er seit 1877 als erster Vorsitzender der jüdischen Gemeinde und trat 1893 dem „Centralverein deutscher Staatsbürger jüdischen Glaubens" bei.

Im Dezember 1888 heiratete die 21-jährige Anna den elf Jahre älteren Julius Zielenziger aus Potsdam. „Es ist davon auszugehen, dass die Ehe arrangiert war", sagt Jeanette Toussaint, „da auch die Zielenzigers im Getreidegroßhandel tätig waren – eine Verbindung zweier wohlhabender Häuser. Heiratsvermittlung war damals durchaus üblich, auch wenn es auch schon Liebesheiraten gab." Das junge Paar bekam zwei Kinder – Kurt (geb. 1890) und Gertrud (geb. 1894).

Der Potsdamer Israelitische Frauenverein wurde 1851 gegründet. „Für die Frauen bot er eine Möglichkeit, auch außerhalb des Familienverbundes tätig zu sein", so Jeanette Toussaint. „Sie kümmerten sich um Witwen und Waisen, durch Spendensammlungen war es ihnen möglich, ärmere Gemeindemitglieder zu unterstützen. Und sie bereiteten weibliche Verstorbene für die Bestattung vor." Im Jahr 1906 übernahm Anna Zielenziger den Vorsitz des Vereins und behielt ihn für dreißig Jahre. Mit der Machtübernahme der Nazis im Jahr 1933 wurde die Situation durch Ausgrenzung und eine Vielzahl von Erlassen für die jüdische Bevölkerung immer schwieriger. „Annas Tochter Gertrud und ihr Mann emigrierten nach Palästina", sagt Jeanette Toussaint, die Anna Zielenzigers Lebenslauf genau erforscht hat und dazu auch Kontakt zu den Hinterbliebenen suchte. „Ihr Sohn Kurt verließ mit Frau und Kind ebenfalls Deutschland, sie gingen zuerst nach Paris und dann nach Amsterdam. Anna Zielenziger und ihr Mann blieben in Potsdam. Als er 1938 starb, beantragte sie 1939 einen Pass, um ihrem Sohn nach Amsterdam folgen zu können." 1939 lebten nur noch 175 jüdische Menschen in Potsdam, die meisten waren bereits deportiert oder vertrieben worden.

> ***„Sie kümmerten sich um Witwen und Waisen, durch Spendensammlungen war es ihnen möglich, ärmere Gemeindemitglieder zu unterstützen."***

Doch auch in Amsterdam hatte die Familie kein Glück, denn mit dem Überfall Hitlers auf die Niederlande am 10. Mai 1940 folgten auch dort Einschränkungen, Razzien und Deportationen. Anna Zielenziger lebte mit Sohn Kurt und Schwiegertochter Lilly unter einem Dach, der Enkelsohn Wolfgang, der schließlich als Einziger der vier den Krieg überleben sollte, versteckte sich im Heizungskeller des Hauses.

Obwohl Anna, Kurt und Lilly Zielenziger sogenannte Palästina-Zertifikate besaßen, die ihnen eine Ausreise hätten ermöglichen können, wurden sie ins Lager Westerbork gebracht. Es war eines der beiden von der nationalsozialistischen Besatzung genutzten Durchgangslager, von wo aus Juden in andere Konzentrations- oder Vernichtungslager deportiert wurden. Anna Zielenziger starb dort aufgrund ihrer Lungenkrebserkrankung am 2. November 1943. „Es ist gut, dass Frauen wie sie nicht vergessen werden", sagt Jeanette Toussaint, „denn sie hat sich engagiert und für das Leben ihrer Mitmenschen eingesetzt." Nicht nur deshalb ist die Ethnologin froh, dass im neu entstehenden Potsdamer Viertel am Landtag eine Straße nach Anna Zielenziger benannt wird. „Denn genau hier in der Gegend, wo einst die Synagoge stand, war ein Zentrum jüdischen Lebens in Potsdam. Und da hat der Frauenverein über viele Jahrzehnte sein caritatives Werk getan." Ein Stolperstein in der Gutenbergstraße 61 erinnert bereits an sie.

Nur eine Tafel erinnert daran, dass hier die Synagoge der Potsdamer liberalen jüdischen Gemeinde stand.

So geht's zur Tafel:

Die Tafel hängt am Platz der Einheit 1 neben dem Postgebäude.

Robert Leichsenring weiß, dass an dem Findling zur Berliner Straße hin Bronzeplatten mit den Namen der gefallenen Husaren am Sockel befestigt waren.

21

Findling

Vom Kriegerdenkmal zum Zauberstein

Das ist schon ein seltsamer Anblick mitten auf einem Kindergarten-Spielplatz zwischen Schaukel und Rutsche: Dem riesigen Findling ist durchaus anzusehen, dass er nicht rein zufällig dort steht. Schließlich hat er einen Sockel und begrünt ist er ringsherum auch. Aber welchen Zweck er einst hatte, das dürften weder die spielenden Kinder ahnen, noch erschließt es sich vorbeilaufenden Spaziergängern. Die Kita heißt übrigens „Zauberstein", da mag der Findling Pate gestanden haben.

Wer sich wie Robert Leichsenring jedoch im Viertel rund um die Schiffbauergasse auskennt, weiß, dass in direkter Nachbarschaft eine Kaserne stand, die im Jahr 1842 ihren Dienst aufnahm, und dass das heutige Kindergarten-Gebäude ein Teil davon war.

„Potsdam ist unter dem Soldatenkönig Friedrich Wilhelm I. zu einer Garnisonsstadt geworden", sagt er, „und das blieb sie auch lange Zeit. Das Militär war hier überall präsent, gehörte zum Alltag der Stadt und prägte das Leben der Bewohner." Während unter Friedrich Wilhelms Herrschaft die Soldaten noch mehrheitlich in den Häusern der Potsdamer Bürger lebten, entstanden in der Folge mehr und mehr Kasernen, so auch die Leib-Garde-Husaren-Kaserne – ein Areal von über vier Hektar mit Pferdeställen und Reitplatz (siehe Geheimnis 07). Die berittenen Soldaten wurden zu verschiedenen Kriegsschauplätzen abgeordnet: 1864 in den Deutsch-Dänischen Krieg, 1866 in den Deutschen Krieg, 1870/71 in den Deutsch-Französischen Krieg und ebenso in den Ersten Weltkrieg (1914-1918).

Wo das Militär zu Hause ist, gibt es Kriegerdenkmäler, bzw. gab es, denn oft sind sie im Verlauf der Geschichte beseitigt oder verändert worden. „Der Kindergarten befindet sich im Haus der ehemaligen Offiziersspeiseanstalt und dort im Garten wurde auch der Gedenkstein für die gefallenen Garde-Husaren aufgestellt", erklärt Stadtführer und Slawist Leichsenring. „Insbesondere im Ersten Weltkrieg hatte die Truppe hohe Verluste erlitten. Sowohl an Menschen als auch an Pferden und Material." Mitte der 1920er-Jahre wurde das Denkmal geschaffen: der große Stein, dem nun eine wichtige Bedeutung zukam, ein Sockel, eine Inschrift und bronzene Platten mit den Namen der gefallenen Husaren. Wie jedes militärische Denkmal entstand auch dieses, um an die Gefallenen zu erinnern und ihre Dienste zu würdigen. Es ist heute noch erkennbar, wo einst die bronzenen Tafeln befestigt waren. Die Platten selbst wurden nach 1945 jedoch entfernt. Auch die einstige Inschrift *Leib Garde Husaren Regiment* auf dem Stein und das darüber befindliche Eiserne Kreuz sind verschwunden.

Vom Findling zum Kriegerdenkmal zum Zauberstein – dieser Stein kann Geschichte(n) erzählen.

So geht's zum Findling:

Das ehemalige Kriegerdenkmal befindet sich in der Berliner Straße 27a.

22

Paläomagnetisches Labor

3D-Puzzle im Grünen

Ungewöhnlich aussehende Gebäude sind keine Seltenheit auf dem Telegrafenberg. Für Laien stellt sich ein ums andere Mal die Frage, was für Geheimnisse sie wohl bergen. Da bildet das sogenannte Paläomagnetische Labor, das seit 1888 zum Meteorologisch-Magnetischen-Observatorium Potsdam gehörte, keine Ausnahme. „Hier vermaßen Forscher das Erdmagnetfeld", sagt Dr. Oliver Bens. Das erklärt auch die mit dem Einsatzzweck verbundene eigenartige Bauweise des Hauses, das nicht in der klassischen Ziegelbauweise errichtet wurde, sondern eher einem steinernen Puzzle ähnelt. „Beim Bau wurde auf möglichst alles verzichtet, was magnetisch wirken kann", führt der Geowissenschaftler aus. „Also keine magnetischen Metallverbindungen, keine Bauelemente, die zum Beispiel aus Eisen bestehen, und auch keine Ziegel und kaum Mörtel." Stattdessen wurde Sandstein genutzt, die mosaikartige Bauweise trug dazu bei, dass nur wenig Bindemittel zwischen den Steinen gebraucht wurde.

„Um das Magnetfeld der Erde präzise messen zu können, darf es außerdem keine Störungen von außen, z.B. von elektrischen Einrichtungen, geben", erklärt Oliver Bens. So gesehen war der ruhige Telegrafenberg der richtige Ort, außerdem schützten teilweise meterdicke Mauern die Messinstrumente.

Unsere Erde ist ein gewaltiger Magnet, ihr Kern besteht aus 5.000 Grad Celsius heißen Metallen wie Eisen und Nickel. Das strömende Metall entwickelt im Zusammenspiel mit der Erdrotation das die Erde umgebende Magnetfeld. Die zwei magnetischen Pole sind Nordpol und Südpol.

Forschende sagen, dieses Feld ist unser Schutzschild vor Strahlung aus dem Weltall. Und ein interessantes Archiv! Denn zum Beispiel in vulkanischem Gestein oder auch in alten Ziegeln sind Informationen gespeichert, wie sich das Erdmagnetfeld in der Vergangenheit verhielt.

Dr. Oliver Bens kann erklären, warum dieses schmucke Haus so eine eigenwillige Bauart aufweist.

Die magnetischen Pole sind nämlich nicht ortsstabil, sie wandern langsam. Und diese Bewegung ist schon mehrmals in der langen Erdgeschichte darin kulminiert, dass sich das Erdmagnetfeld komplett umgepolt hat. Aber keine Sorge, das letzte Mal liegt etwa 780.000 Jahre zurück und das nächste Mal wird wohl erst in Jahrtausenden passieren. Geoforscher müssen in mächtig langen Zeiträumen denken. Sollte eine neue Umpolung kommen, ist dies ein Prozess über Hunderte Jahre. Die Forschenden in Potsdam versuchen herauszufinden, wie schnell und in welche Richtung sich die magnetischen Pole verschieben und welche Auswirkungen dies auf unsere moderne Gesellschaft haben könnte.

Das Magnetfeld schützt auch vor Strahlung aus dem All, den sogenannten geomagnetischen Stürmen. Die Sonne kann nämlich auch anders. Sie schleudert gern mal massenhaft geladene Teilchen ins All hinaus, die in die Erdatmosphäre eindringen. Diese Sonnenstürme sind nicht ungefährlich, denn sie beeinflussen unsere Technik und sorgen hin und wieder für große Schäden durch Stromausfälle. Ein überaus hübscher Effekt des Teilchenstroms sind Polarlichter.

Zurück zum Telegrafenberg: Dort blieb es nicht so ruhig wie in den Anfangsjahren. „1907 musste das Magnetische Observatorium nach Seddin umziehen", sagt Oliver Bens. „Die Elektrifizierung der Stadt, insbesondere der Straßen- und Eisenbahnen, störte die Messungen. 1930 gab es einen weiteren Umzug nach Niemegk, wo der Standort bis heute in Betrieb ist."

Im Haus auf dem Telegrafenberg arbeitet seit 2000 nach langer zweckentfremdeter Zwischennutzung und grundlegender Renovierung wieder eine Arbeitsgruppe von Forscherinnen und Forschern im Themenkreis Paläomagnetismus.

So geht's zum Paläomagnetischen Labor:

Es befindet sich auf dem Telegrafenberg am Adolf-Schmidt-Weg.

General Steuben – ein preußischer Offizier als amerikanischer Held. Eine Statue mit Gedenktafel erinnert an ihn. Doch Susanne Fienhold Sheen weiß viel mehr, als auf dieser Tafel zu lesen ist.

23

Steuben-Statue

Ein Denkmal – vier Standorte

Am dritten Samstag im September geht es hoch her in der New Yorker 5th Avenue. Jedes Jahr findet hier die Steuben-Parade statt. Im Jahr 1957 nahm die Tradition ihren Anfang und ist längst ein Ereignis, das tausende Gäste anzieht. Was wie ein deutsch-amerikanischer Karneval daherkommt, soll in erster Linie an einen preußischen Offizier und späteren amerikanischen General erinnern. Und der heißt Friedrich Wilhelm von Steuben (1730-1794).

„Für die Amerikaner ist Steuben eine überaus wichtige Person", sagt Stadtführerin Susanne Fienhold Sheen, „das hat mit ihrer Dankbarkeit ihm gegenüber zu tun."

Deshalb haben amerikanische und deutsche Firmen und Privatpersonen Geld gespendet, um Potsdam ein Steuben-Denkmal zu schenken. Es befindet sich seit 1994 hinter dem ehemaligen Marstall, der heute das Filmmuseum beherbergt. Doch was hat es mit der Verehrung der Amerikaner für den preußischen Offizier auf sich?

Geboren wurde Friedrich Wilhelm von Steuben in Magdeburg, das damals eine preußische Festungsstadt war. Das Leben beim Militär wurde ihm sozusagen in die Wiege gelegt, begleitete er doch bereits als Kind seinen Vater, Wilhelm Augustin von Steuben (1699-1783), zu Kampfhandlungen nach Russland und Prag. Noch blutjung – im Jahr 1747 – trat er in die preußische Armee ein. 1753 wurde er Leutnant, kämpfte im Siebenjährigen Krieg (1756-1763) im Freibataillon von General Johann von Mayr, das für Sonderaufgaben wie schnelle Überfälle und Verfolgen der Gegner eingesetzt wurde. Da sein Mut auffiel, wurde er schließlich zum Quartiermeister-Leutnant an die Seite Friedrichs des Großen berufen. 1777 begegnete er in Paris dem damaligen amerikanischen Botschafter, Benjamin Franklin (1706-1790). Und von da an dauerte es nicht mehr lange, bis er nach Amerika kam, das sich im Unabhängigkeitskrieg (1775-1783) mit der britischen Kolonialmacht auseinandersetzte. Steuben erlangte Einfluss und gestaltete mit preußischer Ordnung und Disziplin aus einem Haufen von 5.000 Freiwilligen eine schlagkräftige Armee. Seinen organisatorischen Fähigkeiten wurde ein großer Anteil am amerikanischen Sieg zugeschrieben.

Das Steuben-Denkmal in Potsdam.

Amerika hat Steuben seine Dienste nie vergessen. Steubenville – eine Stadt im Staat Ohio – wurde nach ihm benannt. In Washington steht im Lafayette-Park ein Denkmal für den General. Und nun kommen wir auch wieder in Potsdam an, das bereits im vergangenen Jahrhundert eine Steuben-Statue besaß.

„Das war eine Kopie des Washingtoner Denkmals", erklärt Susanne Fienhold Sheen, „und zudem ein Geschenk des Kongresses der USA. Es stand von 1911 bis 1945 in Potsdam. Einst hatte sogar Kaiser Wilhelm II. das Denkmal eingeweiht." Während des Bombenangriffs am 14. April 1945 wurde es beschädigt und wenig später eingeschmolzen. Von Seiten der DDR gab es keine Initiative, das Denkmal wiederzuerrichten, denn mit Relikten preußischer Militärgeschichte wollte die Staatsführung nichts zu tun haben.

„Nun nahte aber Steubens 200. Todestag im Jahr 1994", weiß Stadtführerin Fienhold Sheen, „und eine amerikanische Delegation wollte das Potsdamer Steuben-Denkmal besichtigen. Das gab es aber nicht mehr." Man hätte die Delegation auch nach Berlin schicken können, wo seit Mai 1987 ein weiterer Abguss des Washingtoner Originals an der Kreuzung Clayallee / Hüttenweg steht. Auch Magdeburg hatte zu jener Zeit bereits Überlegungen angestellt, ein Steuben-Denkmal in der Geburtsstadt des Generals aufzustellen. Dort war es 1996 so weit. Potsdam war dann doch etwas schneller.

Das neue Denkmal gleicht rein optisch dem alten. Dass da eigentlich eine zeitliche Lücke klafft, lässt auch die Inschrift nicht ahnen: *Dem Deutschen Kaiser und dem deutschen Volk gewidmet vom Kongreß der Vereinigten Staaten von Amerika als Wahrzeichen ununterbrochener Freundschaft. Nachbildung des Denkmals für General Friedrich Wilhelm August von Steuben, geboren Magdeburg 1730, gestorben im Staate New York 1794, errichtet in Washington in dankbarer Anerkennung seiner Verdienste im Freiheitskampf des amerikanischen Volkes. MCMXI.*

Ein kleiner Umzug steht dem Denkmal bevor, sobald der wenige Schritte entfernte Steubenplatz fertiggestellt ist.

So geht's zur Steuben-Statue:

Die Steuben-Statue befindet sich in der Schloßstraße 9 hinter dem Filmmuseum.

Christine Rührmund hat bei einem Spaziergang am Fahrlander See die Stele entdeckt.

24

Stele im See

Reise zum Mittelpunkt Brandenburgs

Wer nicht aufpasst und den Wegweiser an der Ketziner Straße übersieht, der dürfte ein wenig ins Grübeln kommen, was die weithin sichtbare Edelstahl-Stele im Wasser des Fahrlander Sees für eine Bedeutung hat. Christine Rührmund, die mit Tochter und Monti, ihrer vierbeinigen Begleitung, gern im ländlich anmutenden Potsdamer Ortsteil Fahrland unterwegs ist, hat die Stele bei einem Spaziergang entdeckt. „Es macht Freude, hier zu wandern", sagt sie. „Und diese Stele fand ich witzig, zumal man wirklich beim besten Willen nicht draufkommt, was das sein soll."

Die Stele im See markiert den Mittelpunkt des Landes Brandenburg, und der ist von Werner Maltry, einem Potsdamer Professor im

Ruhestand, errechnet worden. Als Grundlage nutzte er Daten des brandenburgischen Landesvermessungsamtes. Der nördlichste und südlichste, der westlichste und östlichste Punkt der Landesgrenze wurden zur Berechnung verwendet. Durch die Halbierung der Entfernungen und Kreuzung parallel zu den Längen- und Breitenkreisen ergibt sich ein Schnittpunkt. Und so sehen die Koordinaten dieses Schnittpunkts – des Mittelpunkts von Brandenburg – aus: 52 27' 32,5" nördliche Breite 13 00' 57" östliche Länge.

Wer nun staunt, was es so alles gibt, dem sei ein Blick ins Internet empfohlen: Die Mitte von Ländern zu bestimmen, kommt nicht allein in Brandenburg vor. Es wird quer durch Länder und Kontinente gemacht. Und reiste nicht Jules Verne (1828-1905) im Jahr 1864 sogar zum Mittelpunkt der Erde, wenn auch nur in der Fantasie?

Warum gehen Menschen eigentlich auf die Suche nach Mittelpunkten? Da ist sicherlich etwas Freude an mathematischer Spielerei dabei, und natürlich ist so ein Ort auch touristisch interessant.

Mittelpunkte können allerdings auch wandern. So ist es zum Beispiel der Europäischen Union geschehen, als das Vereinigte Königreich aus der EU austrat. Von da an war nicht mehr die bayrische Gemeinde Westerngrund im Landkreis Aschaffenburg der Nabel der EU, stattdessen ist es nun Gadheim in Unterfranken.

Da nicht in Aussicht steht, dass die Grenzen des Landes Brandenburg verschoben werden, dürfte auch die Mittelpunkt -Stele im Fahrlander See Bestand haben – und eine Wanderung durch die liebliche Landschaft rund um das Gewässer lohnt sich allemal. „Manchmal ist es gar nicht so leicht, in die Mitte zu kommen oder sich in der Mitte zu treffen“, sagt Christine Rührmund augenzwinkernd. Aber am Fahrlander See geht das.

So geht's zur Stele im See:

Die Stele befindet sich im Fahrlander See in Ufernähe, von der Ketziner Straße aus gelangt man über einen Feldweg zu Fuß oder mit einem Fahrzeug dort hin.

25

Verstärkeramt Kuhfort

Im Wildpark ist nicht nur Wild versteckt

Das heutige Telekom-Gelände an der Kreuzung Werderscher Damm/Kuhfortdamm sieht relativ unspektakulär aus. Philosoph und Historiker Thomas Schubert, von Berufs wegen neugierig, hat sich trotzdem dafür interessiert. Seit er 1994 in das nur einige hundert Meter entfernte Forsthaus Nordtor einzog und von seiner damaligen Vermieterin viel über die Gegend erfuhr, wusste er, dass hier im Wald einige Geschichten versteckt liegen. Und er wurde fündig. „Hier befand sich eine Einrichtung der Deutschen Post, das Verstärkeramt 4", erzählt er.

Der Hintergrund ist folgender: Im Jahr 1935, rund 75 Jahre nachdem in Deutschland die ersten Telefonnetze entstanden waren, wurde ein 24-Millionen-Sonderbauprogramm – die sogenannte „Vermaschung" des bereits bestehenden Fernkabelnetzes – aufgelegt. Bis zum Kriegsbeginn im September 1939 durchzogen insgesamt 27.500 Kilometer Fernmeldekabel das Land. Kriegswichtige Verbindungen waren das. Einmal um die Stadt herum lag der Berliner Fernkabelring mit 400 Kilometern Länge. Im Amt 4 in Kuhfort wurde rund um die Uhr gearbeitet, unter anderem um Fernsprechverbindungen zu militärischen Objekten herstellen zu können. „Auf dem Gelände befand sich auch ein gasdichter Bunker", erzählt Thomas Schubert. „Man sieht heute noch, dass eines der eingeschossigen Häuser ziemlich tief liegt." Einige der Gebäude waren durch unterirdische Gänge miteinander verbunden.

Auch dass nur wenige Meter von seinem Haus entfernt eine Bahnlinie entlangführte, erfuhr er von seiner Vermieterin. „Nur wer ganz genau hinguckt, sieht die Reste des Bahndamms", sagt er. „Das sogenannte *Hermann-Göring-Gleis* führte zur Luftkriegsschule im Wildpark. Die Wehrmacht ließ hier seit 1936 den Nachwuchs für die Luftwaffe ausbilden. Die ganze Gegend war militärisch genutzt. Gut versteckt im Wald sozusagen." Die Kaserne gibt es heute noch. In der

Vernetzen, um Krieg zu führen – das Verstärkeramt 4 war ein Teil des Fernmeldenetzes.

Nähe seines Hauses fand Schubert einige Schienenreste. „Nach dem Krieg war das Gleisbett Teil einer Panzerstraße. Ein Panzerregiment der Roten Armee nutzte den Wildpark für Übungszwecke." Die Bahnlinie wurde weitestgehend abgebaut, den Rest hat sich der Wald zurückgeholt.

Das Verstärkeramt Kuhfort jedoch hat die Zeit überdauert. Nach dem Krieg wurde das teilweise kriegszerstörte Gelände von der DDR als Verstärkeramt weiterbetrieben. „Es wird auch erzählt, dass es hier ein Briefzentrum der Staatssicherheit gegeben hat, in dem Briefe geöffnet und gelesen wurden." Undenkbar ist das nicht. Schließlich befand sich im nahegelegenen Ortsteil Golm von 1950 bis 1990 die Juristische Hochschule, die als Kaderschmiede des Ministeriums für Staatssicherheit galt.

Im Wald gefunden: Thomas Schubert ist im Besitz einer Schiene, die wahrscheinlich zum einstigen „Hermann-Göring-Gleis" gehörte.

Nach der Wende ging Gelände des Verstärkeramts Kuhfort in die Hände der Telekom über. „Heute sind im Bunker nur noch technische Aggregate kühl untergebracht", sagt Schubert. Ein Gittermast und eine Satellitenanlage zeigen, dass von hier aus auch heute noch Nachrichten in alle Welt übertragen werden. Einen Bunker braucht es dabei zum Glück nicht mehr.

Thomas Schubert, der sich leidenschaftlich gern mit Zeitzeugen unterhält, würde gern noch einige Wissenslücken schließen.

So geht's zum Verstärkeramt Kuhfort:

Die Gebäude befinden sich eingezäunt an der Kreuzung Werderscher Damm / Kuhfortdamm.

Sabine Ambrosius setzt sich im Netzwerk der Kulturerben für die Denkmalpflege in ihrer Stadt ein. Hinter ihr befindet sich eines der modernen Hauszeichen.

26

Moderne Hauszeichen

Alter Brauch in frischem Gewand

Wer mit Sabine Ambrosius durch Babelsberg spaziert, wird um viele Informationen reicher. Die Potsdamer Denkmalpflegerin kennt und liebt ihre Stadt. Sie ist Mitbegründerin der Potsdamer Kulturerben, einem Netzwerk von mehr als 40 Vereinen und Initiativen, die sich gemeinsam für das lokale Kulturerbe stark machen. In Babelsberg agiert z.B. der „Förderverein Böhmisches Dorf Nowawes und Neuendorf e.V." und betreibt sogar ein kleines Webermuseum in der Karl-Liebknecht-Straße, das einen Besuch lohnt. Hier wird Geschichte aufgearbeitet und lebendig vermittelt. Aber es geht auch um die neueren Geschichten, und eine davon stellt Sabine Ambrosius beim Stadtbummel durch Babelsberg vor.

Wer durch die Karl-Liebknecht-Straße schlendert und in der Nähe des Rathauses den Blick nach oben schweifen lässt, findet über den Köpfen in drei Metern Höhe drei an Stahlrahmen befestigte Bildzeichen. Kasper, Ochsenkopf und Apfel wurden in den 1980er-Jahren neben Neubauten aufgestellt und wiesen auf die neu eingerichteten Geschäfte hin, die damals in der Erdgeschosszone einzogen. „Gegenüber vom Kasperle befand sich ein Spielwarengeschäft", erzählt Sabine Ambrosius. Die rotgewandete Figur ist an einer Achse befestigt und dreht sich mit dem Wind.

Hier gab es einst ein Spielwarengeschäft. Der Kasper ist noch da.

Das Glasmosaik gegenüber der Fleischerei ist in Pastelltönen gehalten, und nur wer genau hinsieht, erkennt einen etwas grimmig dreinschauenden Ochsenkopf. Das dritte Zeichen ist ein wirklich praller, dreidimensionaler Apfel. Und wie es sich gehört, befindet sich bis heute in der Nähe ein Obstgeschäft.

Die drei Zeichen greifen eine alte Tradition auf: Denn lange vor der staatlichen Registrierung von Häusern bedienten sich Hausbesitzer und Geschäftstreibende sogenannter Hausmarken oder Hauszeichen, um gefunden zu werden. Zu einer Zeit, als es nur unvollständige Stadtpläne, nicht festgelegte Straßennamen und keine Hausnummern gab, dienten Hauszeichen der Orientierung. Wahrscheinlich haben einst Gewerbebetriebe den Brauch eingeführt, um mit ihren jeweiligen Zunftzeichen auf sich aufmerksam zu machen. Ebenso lockten Gasthäuser mit Symbolen und Bildern, und auch Privatleute schmückten ihre Häuser auf diese Weise, so dass Gassen und Straßen bunt anzusehen waren. Straßennamen und Hausnummern wurden in Deutschland erst ab dem 18. Jahrhundert nach und nach eingeführt.

Kasperle, Ochsenkopf und Apfel sind moderne Hauszeichen. Babelsberg verdankt diese munteren Zeichen den Kunstschaffenden Rainer und Ingeborg Fürstenberg und Helmut Bierwagen, die auch andernorts in Potsdam ihre fantasievollen Spuren hinterlassen haben.

Das kunstvolle Glasmosaik zeigt einen Kuhkopf.

„*Kunst am Bau* war in der DDR allgegenwärtig", sagt Sabine Ambrosius. „Sie war staatliche Auftragskunst, die im Stadtbild das sozialistische Gesellschaftsmodell widerspiegeln sollte." Die sogenannte Kulturverordnung der DDR von 1950 schrieb verbindlich vor, dass ein bis zwei Prozent der Baukosten für baugebundene Kunst ausgegeben werden sollten. In Folge entstanden zahlreiche Wandmalereien, Mosaike und Objekte im Zusammenhang mit Architektur und Freiraumgestaltung. Auch in Potsdam haben sich etliche solcher Bildwerke erhalten und erfahren zunehmend an Wertschätzung. Dass mit ihnen nicht nur politische Inhalte transportiert wurden, zeigen die Hauszeichen, aber auch andere Kunstobjekte in der Stadt. Doch das ist eine andere Geschichte, die wir ab Seite 64 erzählen.

So geht's zu den modernen Hauszeichen:

Sie befinden sich vor den Häusern 129-134 in der Karl-Liebknecht-Straße.

Fenster

Gemüse aus der Dose

Die Fenster verraten es. Sie wirken nicht wie die eines Wohn- oder Geschäftshauses, sondern eher wie die einer Fabrik. Was ihrem Charme in keinster Weise abträglich ist, im Gegenteil: Der sogenannte Industry-Style ist ja durchaus angesagt. Auch Jeanette Toussaint hat sich auf einem ihrer Streifzüge durch die Stadt über diese Fenster mitten im Wohngebiet gewundert und zu recherchieren begonnen. Die Potsdamer Ethnologin bestätigt: Hier war tatsächlich mal eine Fabrik untergebracht. Hergestellt wurden: Konserven. „Einige ältere Potsdamer werden sich heute bestimmt noch an den Betrieb erinnern", vermutet sie, „aber über kurz oder lang würde der in Vergessenheit geraten."

Das Haus wird in der Potsdamer Denkmalliste als bürgerliches Wohnhaus einschließlich Werkstattgebäude geführt. Erbaut wurde es im Jahr 1780, wie auch etliche andere Häuser in der damaligen Waisenstraße, nach Plänen des als Architekt und Baumeister Friedrichs des Großen bekannten Georg Christian Unger (1743-1799). „Durch ein Adressbuch aus dem Jahr 1877 ist uns bekannt, wem das Ensemble damals gehörte", erzählt Jeanette Toussaint, „sein Name war Carl Schäfer." In dem Adressbuch wird vor allem sein Geschäft sehr ausführlich vorgestellt: „Delicatessen-, Mater.-, Tabacks- und Weinhandlung / Colonial-, Wein- und Delikateßhandlung / Weingroßhandlung mit Weinstube, Fabrik und Export eingemachter Ananas und aller sonstigen Früchte und Gemüse, Import von Havanna-Cigarren, Lager imitirter Cigarren und Cigaretten."

Der Handel lief gut und der Betrieb blieb in Familienhand. „Seit mindestens 1894 nannte sich der Betrieb *Konservenfabrik Carl Schäfer Nachfahren, mit Weinstube und Weinhandlung*", hat Toussaint herausgefunden. „Unter anderem wurde dort auch Likör hergestellt, der Schwerpunkt lag aber auf allem, was man aus Obst und Gemüse machen kann."

Jeanette Toussaint hat sich mit der Geschichte der einstigen Produktionsstätte beschäftigt.

1903 ist Anna Schäfer, geb. Moritz, vermutlich die Witwe von Carl Schäfer, als Eigentümerin des Hauses aktenkundig, später finden sich andere Namen, aber die Produktionsstätte blieb. „Es ist anzunehmen, dass die Konservenfabrik als wehrwichtiger Betrieb eingestuft wurde und wahrscheinlich in beiden Kriegen weiter produziert hat“, führt die Ethnologin aus. „Und auch nach dem Krieg scheint es mehr oder weniger nahtlos weitergegangen zu sein, wie ein Film der DEFA (Deutsche Film AG) aus dem Jahr 1946 beweist.“ Der Streifen *Potsdam baut auf* von Joop Huisken zeigt, wie es in der Stadt nach dem Zweiten Weltkrieg ausgesehen hat. Ruinen überall, eine von den Kriegszerstörungen gezeichnete Trümmerlandschaft ohne Strom und Wasser, aber mit 100.000 Bewohnern, die auf einen Neuanfang hoffen. Und dafür etwas tun. So auch in der Konservenfabrik. Hier wird Spargel angeliefert, von Hand geschält und gekocht. „Ebenso wird das Abfüllen von Aufstrichen gezeigt“, erklärt Toussaint, „und der Sprecher erzählt auch von der Herstellung von Marmelade und der Gemüseversorgung für Kleinkinder.“

Da mag es ein herber Rückschlag gewesen sein, als im Jahr 1949 die Gefrieranlage der Fabrik demontiert und in die Sowjetunion gebracht wurde. „Zu diesem Zeitpunkt hieß die Firma übrigens noch *Carl Schaefer Nachfahren Konservenfabrik*“, hat Jeanette Toussaint recherchiert. „Die Verstaatlichung, also Enteignung, muss irgendwann zwischen 1951 und 1953 passiert sein. Mindestens seit 1965 lautete der Name des Betriebs dann *VEB Feinkost und Konservenfabrik*.“

Bei ihren Nachforschungen stieß die Ethnologin auf eine Anzeige in der Zeitung *Brandenburgische Neueste Nachrichten* vom 24. Juni 1966. „Wie man auf alten Fotos gut sehen kann, war die Konservenfabrik ein klassischer Frauenarbeitsplatz. Bis zu 200 Arbeiterinnen fanden hier eine Stelle, aber offensichtlich gab es Arbeitskräftemangel, denn in der Annonce wurde nach Frauen aus der nichtberufstätigen Bevölkerung gesucht.“ Im Juni ist Erntezeit, und sicher gab es gerade dann in der Konservenfabrik alle Hände voll zu tun. Die Potsdamerin vermutet, dass es auch darum ging, Frauen in die Arbeit zu holen, denn

„Die Verstaatlichung, also Enteignung, muss irgendwann zwischen 1951 und 1953 passiert sein.“

erklärtes Ziel der DDR-Führung war es, dass nicht nur alle Männer, sondern auch alle Frauen einem Broterwerb nachgingen. „Es wurden zudem Erntehelferinnen für die Plantagen in Werder und Umgebung gesucht", sagt sie. „Denn Potsdam hatte das größte geschlossene Obstanbaugebiet der DDR quasi vor der Haustür."

Im Jahr 1967 wurde in der DDR die Fünf-Tage-Woche eingeführt, und natürlich galt das auch für die Konservenfabrik. Im *Neuen Deutschland*, der überregionalen Staatszeitung, findet diese dann auch Erwähnung. „Leider liegt mir nicht der ganze Artikel vor", erzählt Jeanette Toussaint, „aber es lässt sich daraus ersehen, dass mindestens seit 1967 der Betrieb wohl auf die Herstellung von Kinderfertignahrung spezialisiert war." Auch wenn die im Artikel erwähnte Sorte *Möhren mit Leber* als Babynahrung heute eher etwas befremdlich klingt, so war der *VEB (K) Feinkost und Konservenwerk* als Spezialbetrieb renommiert und sogar für den gesamten Ostblock zuständig.

„Potsdam hatte das größte geschlossene Obstanbaugebiet der DDR quasi vor der Haustüre."

1990 kam im Zuge der Wende das Aus für die Firma, und seitdem hat das Ensemble sich natürlich verändert. „In der unteren Etage existiert noch der lange Raum, der auch im Film zu sehen ist", resümiert Jeanette Toussaint. „Aber nun haben längst andere Gewerbe in den verschiedenen Etagen Einzug gehalten und neben dem alten Gebäudeteil gibt es auch einen Neubau im Innenhof." Wie genau es zur Auflösung der Fabrik kam, hat Stadtkennerin Toussaint noch nicht herausgefunden.

Vielleicht wird sie noch Zeitzeugen finden, die ihre letzten Wissenslücken schließen.

So geht's zu den Fenstern:

Sie befinden sich in der ehemaligen Fabrik im Hof der Dortustraße 48 auf der linken Seite.

Michél Hugsam begab sich auf die Spuren der slawischen Siedler rund um das heutige Potsdam. Diese Aussichtsplattform wurde sein Lieblingsplatz.

28

Aussichtsplattform

Blick auf uralten Siedlungsraum

Wer vom Golmer Reiherberg aus auf das umliegende Land und die schmucken Häuser blickt, ahnt nicht, wie lange die Gegend hier schon besiedelt ist. So ging es auch Michel Hugsam, der im Jahr 2019 von Bonn nach Potsdam zog und begann, seine neue Heimat zu erkunden. Insbesondere die ländlichen Ortsteile haben es ihm angetan. Und bei einer dieser Touren hat er den westlich gelegenen Ortsteil Golm entdeckt – die zwei dicht beieinander liegenden Kirchen (siehe Geheimnis 48) und die sanfte, hügelige Landschaft um den Ort. „Hinter der neueren Kirche geht ein Trampelpfad ziemlich steil bergauf, das sieht man von der Straße aus nicht gleich", erzählt er. Aber wer sich nach oben begibt, wird, auf einer Aussichtsplattform stehend, mit einem wunderbaren Panorama belohnt. Und einem teilweise recht unwegsamen Pfad rund um den 68 Meter hohen Reiherberg. „Es ist ein Ort, der keine Massen von Touristen anzieht, aber es geht eine interessante Energie von ihm aus", sagt Michél Hugsam, der neugierig geworden, zu recherchieren begann. Im Jahr 1289 ist Golm zum ersten Mal urkundlich erwähnt worden. Da war die Gegend schon deutsch besiedelt, aber der Name des Ortes ist slawischen Ursprungs und bedeutet „Hügel". „Auf der Plattform stehend, war mir klar, dass es hier eine Siedlung oder eine Burg gegeben haben muss, denn der Ort mit dem weiten Blick und dem fruchtbaren, wasserreichen Umfeld ist ideal."

In der Tat. Eine Burg gab's zwar nicht, aber immerhin eine Siedlung, wie Hugsams Recherchen ergaben. Zwischen 500 und 700 n. Chr. wanderten Slawen von Osten her kommend im heutigen Potsdamer Gebiet ein und ließen sich nieder. Als Verkehrswege dienten dabei zum Teil verzweigte Flusslandschaften. Am Standort der Potsdamer Seniorenresidenz Heilig Geist Park ist die Existenz einer slawischen Burgwallanlage belegt, direkt an einem Havelarm. Im Jahre 993 schenkte König Otto III. (980-1002) seiner Tante Mathilde, Äbtissin des freiweltlichen Damenstifts Quedlinburg am Harz, die slawischen Orte „Potztupimi et Geliti", die heute Potsdam und Geltow heißen, um dem Stift Einkünfte zu verschaffen. Ob das etwas genützt hat, ziehen Historiker in Zweifel, denn Otto war Deutscher und das slawische Gebiet um Potsdam gehörte ihm nicht wirklich. Schon sein berühmter Großvater, Kaiser Otto I. (912-973), hatte Anstrengungen unternommen, sein Reich nach Osten auszudehnen und die Slawen zu christianisieren. Doch erst 150 Jahre später siedelten sich Deutsche dort an.

In der Denkmalliste des Landes Brandenburg ist für den Ortsteil Golm die Besiedlung im slawischen Mittelalter belegt. Auch wenn auf dem und um den Reiherberg keine steinernen Zeugnisse mehr zu finden sind, ist es leicht, sich vorzustellen, wie hier slawische Dorfgemeinschaften sesshaft waren, Getreide anbauten, im Großen Zernsee Fische fingen und ihr Vieh auf saftigen Wiesen weideten.

So geht's zur Aussichtsplattform:

Die Aussichtsplattform befindet sich auf dem Reiherberg.

Dem Apotheker Maximilian Negwer, der auf dem Bornstedter Friedhof ruht, verdankt die Welt die Erfindung des Ohropax.

29

Grabstätte

Ruhe und Frieden fürs Gehör

Lauter und lauter ging es im Deutschen Kaiserreich zu – die Industrialisierung war in vollem Gange, Lärm wurde zur Begleitmusik des technischen Fortschritts. Ein findiger Apotheker erdachte eine Lösung für vom Krach geplagte Großstädter. Warum ihm ausgerechnet Homer, der früheste Dichter des Abendlandes, dabei zu Hilfe kam, kann Susanne Drenhaus-Lemgo erzählen. In einer Familiengrabstätte auf dem Bornstedter Friedhof ruht Maximilian Negwer (1872-1943), in Niederschlesien geborener Apotheker und Erfinder des Ohropax. „Die Idee zu schützenden Ohrenstöpseln ist ihm aus seinem Freundes- und Bekanntenkreis zugetragen worden", sagt die Friedhofskennerin, „und die ist der *Odyssee* entlehnt." In Homers Werk verhindert Odysseus, dass seine Mannschaft vom Gesang der Sirenen verleitet wird und ihr Boot an den Felsen zerschellt, indem er ihre Ohren mit Wachs verstopft und sie somit verschließt.

Schon Ende des 19. Jahrhunderts hatte es erste Bemühungen gegeben, den Lärm auszublenden: Schalldämpfer, „Antiphon“ genannt, wurden entwickelt und Patente dafür angemeldet. Aber technisch war das alles nicht zufriedenstellend. In der Schöneberger „Fabrik pharmazeutischer und kosmetischer Spezialitäten Max Negwer“ entstand im Jahr 1907 nach allerhand Versuchen die Mischung, die schließlich erfolgreich war: Baumwollwatte, getränkt mit Vaseline und verschiedenen Paraffinwachsen. 1908 kam Ohropax auf den Markt: sechs Paar Stöpsel in einer Blechdose zum Preis von einer Goldmark, was heute ungefähr 5,75 Euro entspricht.

Der Erfolg des Produktes war imponierend und erhielt durch den Ersten Weltkrieg weiteren Auftrieb. Ab 1916 gehörte Ohropax zur Ausstattung der Soldaten, tonnenweise wurden die Kügelchen produziert, um den Lärm des Kanonendonners abzumildern, und erreichten auf diese Weise breite Bekanntheit. Der Apotheker, der ursprünglich auch Kosmetik hergestellt hatte, setzte fortan auf Ohropax als Hauptprodukt. Auch Werbekampagnen – wer kennt sie nicht? – sorgten für steigenden Absatz der Geräuschschützer: „Hast Du Ohropax im Ohr, kommt dir Lärm wie Stille vor.“

Seit 1924 war die Firma in Potsdam in der Jägerstraße ansässig. Maximilian Negwer starb 1943, sein Lebenswerk blieb in den Händen der Familie. Als in Folge der Teilung Deutschlands der Betrieb verstaatlicht wurde, übersiedelte das Unternehmen nach Hessen, wo es bis heute seine Erfolgsgeschichte fortschreibt. Nicht weniger als 25 Millionen Stück der Ohrenschützer werden pro Jahr produziert. Mag sich der Lärm seit dem Kaiserreich auch verändert haben, verringert hat er sich nicht.

So geht’s zur Grabstätte:

Die Familien-Grabstätte befindet sich auf dem Bornstedter Friedhof, Ribbeckstraße 40, im Teil V am nördlichen Friedhofsrand.

Die Engelchen auf dem Relief sind eifrig mit Geometrie beschäftigt.

30

Engelchen

Mit Lineal und Zirkel durch die Stadt

Sie sind herzallerliebst, die Engelchen, die sich da an der Hauswand des Gebäudes Wilhelm-Staab-Straße 6 tummeln. Und sie sind ziemlich beschäftigt. Allerdings nicht mit Dingen, mit denen Putten gemeinhin befasst sind. Diese hier schmausen weder dicke Weintrauben, noch zupfen sie an einer Harfe. Und sie necken einander auch nicht. Nein, die kleinen Engelchen befassen sich mit Geometrie und Architektur! Eines hat einen Zirkel in der Hand, das nächste eine Planrolle und dann ist da noch ein Kleiner an einem Zeichentisch zu sehen.

Was es damit auf sich hat, kann der Maler und Grafiker Olaf Thiede erklären – allerdings muss er ein wenig ausholen und bei der Tatsache beginnen, dass Potsdam nun mal eine geplante Stadt ist. Und auch wenn es über die Jahrhunderte Veränderungen und Erweiterungen gegeben hat, so sind doch viele der alten Sichtbeziehungen noch erhalten. Das trifft auch auf die Ebräerstraße zu, die genau auf den Standort der ehemaligen Synagoge (siehe Geheimnis 20) zielt. Auch das Kirchenschiff der zerstörten Heiligengeistkirche befand sich exakt auf dieser Achse liegend am östlichen Ende der Stadt. „Und gehen wir auf dieser gedachten Linie von der Ebräerstraße in Richtung Westen weiter", sagt Olaf Thiede, „gelangen wir zu Potsdams Brandenburger Tor. Somit haben wir die Ausdehnung der barocken Stadtanlage und ihren Mittelpunkt."

Dieser Mittelpunkt ist ebenjenes Haus in der heutigen Wilhelm-Staab-Straße, an dem sich die Engelchen befinden. „Das Haus könnte Geometriehaus genannt werden", sagt der Maler, der die einzelnen Felder sogleich bereitwillig erklärt: Im ersten Feld sind Zeichentisch, Elle, Messkette und Planrolle in den kleinen Engelshänden zu erkennen: ein Sinnbild für die Wissenschaft der Geodäsie. Weiter geht es mit Dreieck, Winkel, Achteck und fünfblättriger Blüte für die Geometrie. Das mittlere Feld zeigt den Goldenen Schnitt in Form von Rechteck und Quadrat im entsprechenden Verhältnis und dazu den Schriftzug *MATHEMATICA*. Die Geografie präsentieren die Engelchen im vierten Abschnitt mit Erdkugel, Zirkel und Halbkreis-Winkelmesser. Und nicht zuletzt weisen ein rechter Winkel, ein Viereck, ein Kreis und ein Dreieck auf die Architektur hin, die all dieses Wissen in sich vereinen muss.

Es lohnt sich, stehenzubleiben, die Symbole zu betrachten und sich dabei klarzumachen, dass Potsdam genial geplant wurde. „Hier stimmt einfach alles, denn alles greift harmonisch ineinander", sagt Olaf Thiede, der das Werk der barocken Städtebauer mit den Augen des Künstlers sieht: „Geometrie, Proportion, Funktion und Symbol."

Dass Potsdam so schön ist, verdankt die Stadt großartigen alten Meistern.

So geht's zu den Engelchen:

Die Putten mit den geometrischen Werkzeugen befinden sich in der Wilhelm-Staab-Straße 6.

31

Marquardter Mole

Auf den Spuren des Widerstands

Da, wo der Sacrow-Paretzer-Kanal in den Schlänitzsee mündet, ragt eine kleine Landzunge in den See hinein, die Marquardter Mole genannt wird. Nicht nur landschaftlich schön ist es hier im nördlich gelegenen Ortsteil Marquardt, der erst seit 2003 zu Potsdam gehört, sondern auch geschichtsträchtig, wie Dr. Wolfgang Grittner weiß. Und das ist nicht allein die preußische Geschichte, die mit dem Schloss (siehe Geheimnis 09) und dem umliegenden, 1823 angelegten Lenné-Park so sichtbar ins Auge fällt, auch jüngere Ereignisse lassen sich hier verorten. Dr. Wolfgang Grittner hat sich nach seiner Pensionierung als Tierarzt einen lang gehegten Wunsch erfüllt und noch einmal studiert. Geschichte ist seine Leidenschaft, und der geht er als Ortschronist nun seit Jahren ausgiebig nach. Fündig wird er in seiner Wahlheimat aller Orten, so auch am Landzipfel Marquardter Mole.

„Die von den Nazis so genannte *Rote Kapelle* ist vielen Menschen ein Begriff, wenn es um den Widerstand im Dritten Reich geht", erklärt er. „Und es ist erwiesen, dass es hier an dieser Stelle Treffen von Mitgliedern der Gruppe um Harro Schulze-Boysen gegeben hat. Von Berlin kommend, haben sie die Marquardter Mole bequem auf dem Wasserweg erreicht, nachweislich zu Pfingsten 1941 und 1942." Was wie ein harmloser Ausflug ausgesehen hat, mag in Wirklichkeit ein konspiratives Treffen gewesen sein. „In Marquardt hatte sich Schulze-Boysen auch mit dem sowjetischen Agenten Alexander Korotkow getroffen", führt Grittner weiter aus.

Die Gruppe um Harro Schulze-Boysen und Arvid Harnack bestand aus rund 150 Mitgliedern, eher lose als fest verbunden. „Sie arbeiteten in kleinen Gruppen zusammen", erzählt Grittner. „Herkunft und berufliche Tätigkeiten der Mitglieder waren sehr unterschiedlich: Ärzte, Bildhauer, Schriftsteller. Die Filmpublizistin und Ehefrau Schulze-Boysens – Libertas geborene Haas-Heye – war seit 1936 mit

Ortschronist Dr. Wolfgang Grittner an der Marquardter Mole, dem Treffpunkt von Mitgliedern der Roten Kapelle.

Harro verheiratet.“ Die einem großbürgerlichen Hause mit aristokratischen Wurzeln entstammende, im Jahr 1913 geborene Frau arbeitete im Kreis der Widerständler an Flugblättern mit, sammelte Foto-Material von Verbrechen der Wehrmacht an der Ostfront und war auch über die Kontakte der Gruppe zur UdSSR informiert. Ihr Mann Harro war Oberleutnant im Reichsluftfahrtministerium. „Durch ihn bekam die Gruppe Zugang zu geheimen Dokumenten“, weiß der Chronist, „und Harro Schulze-Boysen leitete die deutschen Angriffspläne an die Sowjetunion weiter. Ein gewagtes Spiel.“

Auch Libertas wirkte nach außen hin vollkommen linientreu, für einige Jahre war sie NSDAP-Mitglied, sie schrieb Filmkritiken für die *National-Zeitung* und arbeitete später für die Kulturfilm-Zentrale des Reichspropagandaministeriums. Ein Spagat, definitiv.

Die Gruppe wurde enttarnt, als in einem sowjetischen Funkspruch die Namen und Adressen einiger Mitglieder genannt wurden. Das führte am 31. August 1942 zu Harro Schulze-Boysens Verhaftung. Libertas warnte Freunde und Weggefährten und vernichtete belastende Dokumente, dennoch konnte sie nicht verhindern, dass weitere rund hundert Personen in Haft kamen und auch sie selbst am 8. September in Wannsee festgenommen wurde. „Leider traf sie im Gefängnis auf eine Verräterin“, erzählt Grittner. „Libertas hatte sich ihr anvertraut, aber was sie im Vertrauen erzählte, belastete sie schließlich noch mehr und führte außerdem zu weiteren Verhaftungen.“

„Leider traf sie im Gefängnis auf eine Verräterin.“

Libertas Schulze-Boysen wurde wegen Hochverrats angeklagt und ebenso wie ihr Mann Harro zum Tode verurteilt, das Urteil am 22. Dezember 1942 in der Haftanstalt Plötzensee vollstreckt. Sie wurde nur 29 Jahre alt.

So geht’s zur Marquardter Mole:

Die Marquardter Mole befindet sich am Kreuzungspunkt von Schlänitzsee und Sacrow-Paretzer Kanal.

Unruhiger Kosmos: Möglicherweise wurden die Platten beim Anbringen verdreht und vertauscht.

32

Mosaik

Was ist denn mit dem Kosmos los?

Ein bisschen chaotisch sieht sie schon aus, die Weltraumszene an der Westseite des Mosaiks am Rechenzentrum. War es nun künstlerische Absicht oder ein Ausführungsfehler der Mosaizisten, dass der russische Kosmonaut aus seinem Raumschiff in eine recht zerstückelt wirkende Weltraumlandschaft steigt? Denn das Gesamtbild könnte auch ganz anders aussehen: Würden die zweite und vierte Platte des insgesamt 18-teiligen Mosaiks getauscht, also die vierte Platte an die Stelle der zweiten treten und die zweite zudem noch um 180 Grad gedreht, könnte im Hintergrund eine harmonisch zusammenhängende Planetenlandschaft entstehen. So viel Pfusch eines spezialisierten Berliner Fachbetriebes an dem Bilderzyklus? Kann das wirklich sein?

Das fragt sich auch Gottfried Hauff, der – ursprünglich aus Tübingen stammend – im Jahr 1995 nach Potsdam kam, bis 2015 einen

Lehrstuhl für die Studienrichtung „Konservierung und Restaurierung – Stein“ an der Potsdamer Fachhochschule für Angewandte Wissenschaften innehatte und sich hier längst zuhause fühlt: Es lässt sich seiner Auffassung nach heute nicht mehr mit Sicherheit sagen, was es mit der anscheinend etwas wilden Anordnung auf sich hat. Tatsächlich ist zwar der Rest des Mosaiks, das den Titel *Der Mensch bezwingt den Kosmos* trägt, eher wohlgeordnet und trotzdem nicht minder interessant. Aber man kann daraus keine gesicherte Regel ableiten.

Das großflächige Werk des Künstlers Fritz Eisel (1929-2010), bestehend aus unzähligen Glassteinchen auf 18 circa drei mal drei Meter großen, von Betonstreben unterbrochenen Platten, ist extra für das Rechenzentrum konzipiert worden. „Es geht bei Weitem nicht nur um die Eroberung des Kosmos“, erklärt Gottfried Hauff, „sondern um den gewaltigen Fortschrittsglauben in der Zeit seiner Entstehung.“ Mit Technik die Welt und das Weltall zu bezwingen, das hatte sich die DDR-Regierung im Bunde mit der Sowjetunion auf die Fahnen geschrieben. Immer im Wettlauf mit den USA befindlich, die in den 1960er-Jahren – nach Juri Gagarins (1934-1968) erstem bemannten Weltraumflug am 12. April 1961 – eine Nasenlänge *hinter* den Russen lagen.

Prof. Gottfried Hauff kümmert sich um den Erhalt des Mosaiks, das an einigen Stellen bereits mit Notsicherungen versehen wurde.

Abgesehen von weiteren drei Platten mit Weltraumthematik an der Westseite befindet sich an der Südseite des Rechenzentrums auch ein Zyklus von insgesamt sechs Mosaiken. „Durch die Betonstreben wirken die Motive voneinander getrennt“, sagt der Professor. „Doch wenn Sie genau hinschauen, erkennen Sie, dass es immer Elemente gibt, die einen Zusammenhang herstellen. Seien es die Düsenflugzeuge auf dem achten und neunten oder das Feuer und die Rauchwolken vom neunten bis zum elften Bild.“

Das Kunstwerk ist schon länger in einem angeschlagenen Zustand. „Ein Grund dafür, so kann man annehmen, liegt darin, dass es beim Bau sehr heiß war und der Haftmörtel, auf den damals die einzelnen zugeschnittenen Teilstücke des jeweiligen Mosaikbildes aufgebracht wurden, schon zu trocken war", erklärt der Professor. „Es sind heute nun deutliche Risse zu sehen, und teilweise wölbt sich die Mosaikschicht nach außen." Mit Hilfe von aufgeklebten Streifen aus durchsichtigem Japanpapier und feinem Glasfasernetz wurde 2020 an den schadhaften Stellen eine vorläufige Sicherung vorgenommen. Eine endgültige Lösung ist das noch nicht, eine durchgreifende Konservierungs- und Restaurierungsmaßnahme steht an.

Zumal sich das seit 1991 unter Denkmalschutz stehende Werk an einem Bauwerk von 1972 befindet, das möglicherweise keinen Bestand im Stadtbild haben wird. Aber noch ist nichts entschieden, denn wenn es um den Erhalt oder Abriss von Bauten geht, kreuzen Potsdamer gern einmal die Klingen. Potsdams Erbe ist vielfältig, und rund um den Standort des ehemaligen Rechenzentrums hat das Gesicht der Stadt in den Jahren nach dem Zweiten Weltkrieg einen besonders starken Wandel erfahren. Viel Leidenschaft ist im Spiel – und das auf allen Seiten.

Bei aller denkbaren Kritik an der hier gezeigten, recht geballten DDR-Propaganda: Das Kunstwerk ist ein Teil von Potsdams Baugeschichte und wird sich genauso wenig aus dem Stadtgedächtnis „löschen" lassen, wie andere Bauten, bei denen das quer durch die Jahrzehnte und politischen Systeme versucht wurde.

Unabhängig vom Erhalt des Rechenzentrums ist das denkmalgeschützte Mosaik jedoch grundsätzlich gerettet, muss aber möglicherweise wandern, wie das auch schon andere Kunstwerke in Potsdam getan haben. (siehe Geheimnis 16).

So geht's zum Mosaik:

Der Bilderfries ist am Rechenzentrum, Dortustraße 46, angebracht.

Räuchergefäß

Ein Geschenk aus dem Königreich Siam

Sanssouci kann auch asiatisch. Und wer das zauberhafte, zwischen 1755 und 1764 nach Entwürfen von Johann Gottfried Büring (1723 - nach 1788) gebaute chinesische Haus mit seinen goldenen Palmen und Figuren betrachtet, wird vielleicht nicht sofort auf die Idee kommen, dass es viel weniger chinesisch ist, als es scheint. In der Tat stammten die Bildhauer Johann Peter Benkert (1709-1765 oder 1769) und Johann Gottlieb Heymüller (um 1715-1763) aus Deutschland und Österreich und hatten wahrscheinlich noch nie einen Chinesen zu Gesicht bekommen, ebenso wenig wie die exotischen Früchte, die sie abbilden sollten. Und so staunen wir heute, dass eine Ananas verdächtig einem Tannenzapfen ähnelt. Hintergrund: Im 17. und 18. Jahrhundert war Chinoiserie äußerst populär. Die fremde asiatische Welt übte einen großen Reiz auf die Europäer aus. Aus China stammende Luxusgegenstände wie Seide, Porzellan und Papiertapeten erfreuten sich großer Beliebtheit, und auch in der Architektur schlug sich die Faszination für diese fremde, den meisten Menschen wie ein unerreichbares Märchenreich erscheinende Welt nieder.

Wer sich vom Eingang des Pavillons kommend ein paar Schritte nach links bewegt, der entdeckt ein übermannshohes Gefäß mitten im Grünen, das eigentlich noch viel fremdartiger wirkt als das Chinesische Haus. Was das wohl sein mag? Und wie kommt es mitten in die Potsdamer Parklandschaft? „Es ist ein Räuchergefäß", erklärt der promovierte Kulturwissenschaftler Yann LeGall. „Und das ist im Gegensatz zum Teehäuschen wirklich original asiatischen Ursprungs. Im August 1897 brachte es der siamesische König Chulalongkorn als Geschenk nach Potsdam mit." Welch spannende Geschichte sich hinter dieser Gabe an den deutschen Kaiser Wilhelm II. (1859-1941) verbirgt, hat LeGall mit seinen Kolleginnen und Kollegen von der Arbeitsgruppe „Postcolonial Potsdam" recherchiert. „Die preußische und

Original siamesisches Relikt: Yann LeGall kennt die Geschichte des Räuchergefäßes und die politischen Hintergründe.

deutsche Kolonialgeschichte ist in Teilen unbekannt oder wird ignoriert“, schickt der gebürtige Franzose seinen Ausführungen voraus. „Wir gehen bei Führungen, in Publikationen oder Blogbeiträgen auf Spurensuche, und da gibt es noch eine ganze Menge Geheimnisse aufzudecken.“

Der siamesische König Chulalongkorn (Rama V., 1868-1910) hielt sich seit Mai 1897 in Europa auf. „Er besuchte im Verlauf seiner mehrmonatigen Reise alle wichtigen europäischen Staaten“, erklärt Yann LeGall. „Siam, das das Gebiet des heutigen Thailand umfasst, aber noch bedeutend größer war, war damals neben China und Japan der einzige Staat in Ostasien, der trotz kolonialer Eroberungen immer noch unabhängig blieb.“ Und nach dem Willen seines gebildeten, reformfreudigen und modernen Herrschers sollte das auch so Bestand haben. „Sein Besuchsprogramm diente dazu, den europäischen Staaten zu zeigen, dass Siam ein fortschrittliches Land auf Augenhöhe darstellte. Chulalongkorn wollte die Unabhängigkeit seines Landes mit Mitteln der Diplomatie verteidigen.“ Ein leichtes Unterfangen war das nicht, denn seit Mitte der 1880er-Jahre übten die in Asien benachbarten Kolonialmächte Großbritannien und Frankreich zunehmend Druck auf Siam aus. Im Jahr 1893 hatte Frankreich die Abtretung aller siamesischen Gebiete östlich des Mekong durchgesetzt. Die Briten hielten sich zunächst heraus, allerdings verfolgten auch sie vor Ort eigene wirtschaftliche Interessen. Sie wollten Siam jedoch weder selbst erobern noch das Land Frankreich überlassen. Bei Verhandlungen mit Paris setzten sie sich daher für eine Garantie der siamesischen Unabhängigkeit ein, die im Jahr 1896 tatsächlich zustande kam. In Bangkok sah daraufhin Chulalongkorn seine Stunde gekommen. Die relative Sicherheit Siams auf Grund des britisch-französischen Vertrages ermöglichte es ihm, sein Land eine Zeitlang zu verlassen.

„Er hat ein unglaublich kräftezehrendes Programm absolviert“, erzählt Yann LeGall. „Nach Stationen unter anderem in Italien, der Schweiz, Russland und Schweden traf der König am 26. August 1897 in Potsdam ein. Zuvor war er in Wiesbaden und Dresden gewesen. Chulalongkorn war neben seinem diplomatischen Anliegen insbesondere an Technologie interessiert. So ließ er sich drahtlose Telegrafie vorführen, besuchte eine Übung der Berliner Feuerwehr, und im Verlauf der Reise stand auch ein Besuch der Krupp Werke in Essen auf seinem Programm." Das Verhalten des deutschen Kaisers enttäuschte den König jedoch. „Für das Fortbestehen der Unabhängigkeit Siams wollte Wilhelm sich nicht engagieren." Die Reise des Königs fand schließlich ihren Abschluss in Portugal. Am 15. Dezember 1897 traf Chulalongkorn wieder in Bangkok ein. Sein Ziel, Siam als einen modernen Staat und sich als aufgeklärten Herrscher, der sich an westlichen Auffassungen orientiert, zu präsentieren, hatte er erreicht. „Diplomatische Allianzen jedoch wurden ihm von den Kolonialmächten verweigert", merkt Yann LeGall dazu an.

Zurück zum Räuchergefäß, das bis 1955 im ehemaligen Rosengarten am Neuen Palais seinen Platz hatte und seitdem beim Teehäuschen steht: Neben stilisierten Löwen und einer Inschrift mit chinesischen Schriftzeichen, die laut LeGall das Gefäß wertvoller erscheinen lassen sollen, ziert auch das „Swastika" genannte Symbol des Sonnenrades, das die Nazis als Hakenkreuz missbrauchten, das Gefäß. Natürlich wird er bei Führungen darauf angesprochen. „Die Swastika hat in Ostasien vielfältige Bedeutungen", erklärt er. „Im Buddhismus ist sie seit Jahrhunderten allgegenwärtig und steht für Glück, Reichtum oder manchmal auch für Ewigkeit."

Yann LeGall und seine Mitstreiterinnen bei Postcolonial Potsdam streben noch viel mehr Sensibilität und Aufklärung beim Thema Kolonialismus an. „Dazu gehört Mut, hat mein aus Tansania stammender Mentor mir gesagt", erklärt er. „Zum einen, um voranzugehen, sich selbst und seine Vorurteile zu hinterfragen, aber genauso auch der Mut zurückzublicken, seine Verstrickungen mit der Vergangenheit zu erkennen und sich zu der heutigen Wirkung von Kolonialismus und Rassismus zu positionieren." Neben dem Räuchergefäß gibt es noch eine verblüffende Menge anderer kolonialer Spuren im Park Sanssouci. Ein Rundgang mit den engagierten Mitgliedern von Postcolonial Potsdam ist absolut zu empfehlen.

So geht's zum Räuchergefäß:

Es steht im südwestlichen Teil des Parks Sanssouci.

34

Klein Glienicker Kapelle

Knapp dem Abriss entkommen

Die malerisch gelegene Kapelle hatte gleich zwei Mal Glück: beim ersten Mal, weil kein Geld da war. Und beim zweiten Mal? Weil Geld da war. Andreas Kitschke, Bauingenieur, Sachbuchautor und Orgelsachverständiger, hat sich eingehend mit der Geschichte des Gotteshauses beschäftigt und weiß nahezu alles über dieses Kleinod neugotischer Architektur. Beginnen wir mit einem Blick in die Geschichte des Bauwerks, das am Reformationstag des Jahres 1881 eingeweiht wurde, sogar in Gegenwart dreier preußischer Prinzen.

In Klein Glienicke, das 1375 im Landbuch von Kaiser Karl IV. (1316-1378) zum ersten Mal erwähnt wird, lebten nie sehr viele Leute – und die waren auch noch arm. Jahrhundertelang besaß der Ort keine Kirche. Um zum Gottesdienst zu kommen, mussten die Bewohner gut zu Fuß sein und ins Nachbardorf Stolpe laufen – immerhin stattliche drei Kilometer waren zurückzulegen. Und wieder zurück.

Friedrich Wilhelm III. (1770-1840) hatte ein Einsehen und wollte dem Örtchen eine Kirche geben. Gesagt, getan, ließ er diese jedoch mitten im Wald und am Havelufer errichten. Wunderschön gelegen, aber mit einer Entfernung von rund 2,5 Kilometern, war den Klein Glienickern wieder nicht geholfen. Vor allem im Winter mag der Weg durch den Wald beschwerlich bis unpassierbar gewesen sein. Die Notlösung: Der sonntägliche Gottesdienst wurde in der Schulstube abgehalten. Bis schließlich Pfarrer Ludwig Petzholtz (1843-1903) in Klein Glienicke seinen Dienst antrat, den Bau einer „Winterkirche" vehement vorantrieb und schließlich auch Erfolg hatte. Schlossbaumeister Reinhold Persius (1835-1912) entwarf das Gotteshaus – und auf einmal ging alles ganz schnell. Binnen Jahresfrist konnte das im neugotischen Stil errichtete Kirchlein die Gläubigen empfangen. Aufgrund der schönen Lage fanden sich nicht selten Ausflügler und Touristen ein.

Im Jahr 1935 erhielt die Kapelle schließlich eine Schuke-Orgel.

Die Klein Glienicker Kapelle zieht Besucher magisch an.

Konzerte und Orgelfeierstunden umrahmten von da an das geistliche Leben. Die Weltkriege konnten der Kirche nichts anhaben. Allerdings wurden die drei damals im Turm untergebrachten Glocken für die Rüstungsindustrie abgebaut und eingeschmolzen.

Auch nach 1945 pflegte man weiter das Gemeindeleben, bis Klein Glienicke nach 1961 infolge des Mauerbaus zum Sperrgebiet erklärt wurde. Was daraus erwuchs, klingt bedrückend – und das war es auch. „Die Bewohner des Ortes waren quasi abgeschnitten", erzählt Andreas Kitschke. „Vom Westteil der Stadt ja sowieso, aber auch von Potsdam her durfte man nur noch mit einem Passierschein hierherkommen. Es gab gegenüber der Kapelle ein Altenheim", weiß er und fügt hinzu: „Wie schwierig das für die Bewohner gewesen sein muss, dass sie kaum Besuch bekommen durften! Viele Klein Glienicker verließen den Ort." Darunter auch Andreas Kitschkes Vater. Er zog nach Babelsberg und schwärmte oft von der Atmosphäre der Kapelle.

Auch das Gemeindeleben war auf Eis gelegt. Lediglich Gottesdienste fanden bis zur Emeritierung des langjährigen Neubabelsberger Pfarrers Joachim Strauss (1912-1999) im Jahre 1977 statt. „Pfarrer Strauss hatte eine sehr besondere Situation zu bewältigen", berichtet Kitschke. „Sein Pfarrsprengel Neubabelsberg, bestehend aus der Heilandskirche Sacrow, der Kirche St. Peter und Paul auf Nikolskoe und der Klein-Glienicker Kapelle lag zum Teil in Westberlin. Nach dem Mauerbau konnte er seine Gemeinde im Westteil nicht mehr aufsuchen." Solche aus der Teilung Deutschlands resultierenden Geschichten sind in Potsdam keine Seltenheit. „Es wurde auch versucht, die Kapelle instandzuhalten", erzählt der Architekt. Aber genau diese Arbeiten läuteten letztlich den Verfall ein, denn drei an der Kapelle arbeitenden Handwerkern gelang nacheinander die Flucht über die Mauer. Zwei waren Dachdecker, der dritte ein Orgelbauer. „Sie müssen sich vorstellen, dass das Jagdschloss Glienicke schon zu Westberlin gehörte, und das war nur wenige Meter entfernt", erklärt Kitschke. „Danach war Schluss mit weiteren Arbeiten. Der zweite Orgelbauer wurde verhört. Und auch wenn er nichts von der geplanten Flucht gewusst hatte, so verweigerten die DDR-Behörden fortan den Zutritt zur Kapelle. Von da an ging es mit dem baulichen Zustand rapide bergab." Vor allem trugen Schäden am Dach dazu bei, dass Wasser eindringen konnte. „Vonseiten der Babelsberger Kirchengemeinde gab es den Plan, die Kapelle abzureißen, jedoch hätte das eine Menge Geld gekostet, das – zum Glück – nicht vorhanden war." Und so geriet das seit Mitte der 1970er-Jahre ungenutzte Kirchlein mehr oder weniger in Vergessenheit.

Bis das Rad der Geschichte sich einmal mehr weiterdrehte. Andreas Kitschke, der nach dem Fall der Mauer jede Möglichkeit nutzte, den nahen und doch unerreichbaren Geburtsort seines Vaters endlich frei und ohne Passierschein betreten zu können, stellte schnell fest, dass die Kapelle ein absoluter Publikumsmagnet war. „Das Innere war in einem sehr schlechten Zustand", erinnert er sich. „Der Schwamm hatte sich eingenistet, die Orgel hatte sehr gelitten – einige hölzerne Pfeifen zerfielen quasi, wenn man sie berührte, und überall blätterte der Putz ab." Nichtsdestotrotz strömten die Besucher aus West und Ost herbei. „Da war eine ganze Gruppe Fahrradfahrer, die kamen hier vorbei und schauten sich die Kapelle an und beschlossen dann, künftig mit Rat und Tat helfen zu wollen. Und die kamen wirklich regelmäßig und haben richtig mit angepackt." Im Juli 1990 wurde ein Bauverein gegründet und von nun an konnte es stetig bergauf gehen. Aus Fördertöpfen floss Geld für die Restaurierung der Kapelle, und als diese Mittel erschöpft waren, sprangen private Spender ein. Dankbar blickt Andreas Kitschke auf diese Zeit zurück. „Es ist unglaublich, wie sich alles gefügt hat und immer wieder Geldmittel gegeben wurden, wenn wir sie brauchten." Wer die Kapelle

Andreas Kitschke zeigt, wo die originale Glocke von 1881 die Zeit überdauert hat, bis sie wieder eingesetzt werden konnte. Heute hängt hier eine neuere Glocke.

besichtigt, den wundert das nicht. Sie zieht den Besucher in ihren Bann. Und noch ein kleines Wunder ereignete sich. „Der Turm hatte ja lange schon keine Glocken mehr, aber die im Jahr 1881 ursprünglich eingebaute Glocke hatte auf dem nahegelegenen Friedhof überlebt", erzählt Kitschke. „Sie hing dort und war, wenn man so will, übersehen worden, als während des Krieges viele Glocken eingeschmolzen wurden." Gleich nach dem Krieg konnte sie an ihren ursprünglichen Platz zurückkehren.

„Die im Jahr 1881 ursprünglich eingebaute Glocke hatte auf dem nahegelegenen Friedhof überlebt."

Wer heute durch Klein Glienicke spaziert, wird wie magisch von der Kapelle angezogen, und das soll auch so sein, finden hier doch regelmäßig Konzerte und Gottesdienste statt.

Die Spuren der Mauer sind ebenso getilgt, wie die Schäden am Kirchlein, das genau 118 Jahre nach seiner Weihe feierlich wiedereröffnet wurde, mit den Klängen einer neuen Schuke-Orgel übrigens. Auch die von privater Hand gestiftet.

JESUS CHRISTUS GESTERN UND HEUTE UND DERSELBE AUCH IN EWIGKEIT steht über dem Altarraum zu lesen. „Das ist ein wirklich passender Satz", findet Andreas Kitschke, „so voller Zuversicht."

Wohl wahr. Zuversicht wurde in Klein Glienicke oft gebraucht, und zum Glück hat sie auch immer weitergeholfen.

So geht's zur Klein Glienicker Kapelle:

Die Kapelle steht zwischen Glienicker Park und Jagdschloss in der Wilhelm-Leuschner-Straße 1.

Der Widderschädel hängt recht einsam am Eckhaus Hoffbauer- und Breiter Straße.

35

Widderkopf

Gewehre für Preußen

Ein bisschen einsam sieht er aus, der Widderschädel, der da hoch oben an der Hauswand hängt. Vor rund dreihundert Jahren gab es eine ganze Reihe dieser Köpfe direkt neben ihm. Susanne Drenhaus-Lemgo, Friedhofsguide und Mitglied im Verein „Freunde des Bornstedter Friedhofs e.V.", kennt die Geschichte des einsamen Schädels – und sie weiß, was er mit einem doppelseitig genutzten Grabstein auf einem verwunschenen Friedhof zu tun hat. Auf den ersten Blick nichts. Und am Ende doch eine ganze Menge.

„Das ist der Grabstein des Ehepaars Rücker", holt Susanne Drenhaus-Lemgo aus. „Johann Friedrich Rücker starb 1785, und seine Seite der Grabplatte ist frühklassizistisch und sehr geradlinig gestaltet. Rückers Frau Dorothee Scharlotte – sie wird tatsächlich mit *Sch* geschrieben – starb dreißig Jahre vor ihm, und auf ihrer Seite erkennen wir die spätbarocke Symbolik: ein geflügeltes Stundenglas und Rosen." Johann Friedrich Rücker (1708-1785) war ein vielbeschäftigter Mann. Nicht weniger als 45 Jahre leitete er die Potsdamer Gewehrfabrik. Und die war nicht nur ein großer, sondern auch ein wichtiger Arbeitgeber.

Seit 1713 regierte in Preußen Friedrich Wilhelm I. (1688-1740), auch der „Soldatenkönig" genannt. Diesen Beinamen trug er zu Recht, denn für ihn stand der Ausbau einer repräsentativen Armee an erster Stelle seiner Regierungsgeschäfte. Potsdam wurde unter ihm zur Garnisonsstadt, was zum einen bedeutete, dass immer mehr Soldaten kamen, die von den Einwohnern aufgenommen und verpflegt werden mussten, zum anderen, dass der Ort wuchs und sein Gesicht veränderte. In jener Zeit entstand die Stadtmauer mit ihren Toren. Das Jägertor ist aus dieser Zeit noch in seiner Form erhalten. Potsdam erlebte einen enormen Zuzug, denn wo gebaut wird, braucht es Handwerker, und wo es Soldaten gibt, Gewehre. „Im Jahr 1722 wurde die Gewehrfabrik gegründet", erzählt Susanne Drenhaus-Lemgo die Geschichte weiter. „Das Direktionsgebäude stand an der Ecke, wo sich heute Breite Straße und Hoffbauerstraße kreuzen. Hier hatte Friedrich Rücker seinen Dienstsitz." Und damit erklärt sich der Widderschädel am heute dort stehenden Haus. Aber damals war er nicht allein: „An der Fassade des Gebäudes gab es einen Fries, der von insgesamt 22 Widderschädeln geziert wurde, paarweise angeordnet." Die Dickschädel standen für Wehrhaftigkeit, und da die Potsdamer der Berliner Schnauze eigentlich in nichts nachsteht, bekam das Haus den gleichermaßen flotten wie augenzwinkernden Namen „Ochsenkopfhaus" verpasst, denn ein Ochse ist nun mal streng genommen ein Rind und kein Schaf. Nachdem das Haus bei Bombenangriffen im Jahr 1945 schwer zerstört

Susanne Drenhaus-Lemgo vor dem Doppelgrabstein des Ehepaars Rücker.

wurde, entstand hier in den 1960er-Jahren ein Neubau, den immerhin noch einer der „Ochsenköpfe“ ziert.

„Rücker, der als junger Mann nach Potsdam gekommen war, arbeitete rund zehn Jahre in der Gewehrfabrik, bis er 1740 ihr Direktor wurde“, sagt die Friedhofskennerin. „Da regierte allerdings schon der nächste Preußenkönig, nämlich Friedrich II., der – anders als sein Vater – einige Kriege führte. Der Direktor hatte eine Menge Arbeiter unter sich, die noch dazu aus vielen Ländern kamen. Und man kann annehmen, dass der König ziemlich anspruchsvoll war.“

Die Grabinschrift von Johann Friedrich Rücker erzählt nicht nur von seiner beruflichen Laufbahn, sondern gibt auch Privates preis. „Seine Ehe muss glücklich gewesen sein, sonst würde wohl kaum Rückers *vergnügter Ehestand* darauf erwähnt werden“, erklärt Susanne Drenhaus-Lemgo, „auch wenn der nur 14 Jahre währte.“ Fünf Kinder hatte das Ehepaar, drei waren am Leben, als ihre Mutter 1755 starb und den vielbeschäftigten Direktor als Witwer zurückließ, der nie wieder geheiratet hat. Zwei Töchter betrauerten ihren „redlichen Vater“ bei seinem Tod im Jahr 1785.

„Mir ist kein anderer alter Grabstein dieser Art auf dem Bornstedter Friedhof bekannt“, sagt Susanne Drenhaus-Lemgo. Das macht die Grabstätte so besonders, ebenso wie die Tatsache, dass er eine spannende Potsdamer Biografie und Stadtgeschichte erzählt.

Und wer jetzt immer noch grübelt: Natürlich wissen die Leute in Potsdam, dass Widder keine Ochsen sind.

So geht’s zum Widderkopf:

Der einsame Widderkopf hängt am Eckhaus der Kreuzung Breite Straße / Hoffbauerstraße.

Neidköpfe

Zunge rausstrecken erwünscht

Löwenköpfe mit gefletschten Zähnen, böse Blicke aus weit aufgerissenen Augen, rausgestreckte Zungen – in historischen Altstädten ist dieser Anblick keine Seltenheit. Die Frage stellt sich, warum steinerne Fratzen an Häusern einst so populär waren. Auch in Potsdam gibt es solche „Neidköpfe". Einer davon hängt am Giebel des Hauses Werner-Seelenbinder-Straße 3, der andere am Rechenzentrum Breite Straße/Ecke Dortustraße. Künstlerin Annette Paul, die den neueren der beiden Köpfe geschaffen hat, erklärt den Standort des älteren Exemplars. „Das Haus in der Werner-Seelenbinder-Straße, auf dem der alte Neidkopf thront, ist aus der Zeit Friedrichs des Großen, und es ist eines der ältesten erhaltenen Häuser Potsdams", sagt sie. „Und man muss wissen, dass die Straße damals Mammonstraße hieß." Das Wort „Mammon" entstammt der aramäischen Sprache und ist in unserem Verständnis eher negativ belegt, sprechen wir doch gern vom schnöden Mammon. Folglich ist ein Mensch, der dem Mammon nachjagt, eigentlich kein sympathischer Zeitgenosse, denn Geld steht für ihn an allererster Stelle. Auch wenn anerkannt wird, dass er es finanziell zu etwas gebracht hat und deshalb nicht selten Neid auf sich zieht.

Der Neidkopf wiederum heißt nicht so, weil er neidisch ist, sondern weil er Missgunst abhalten soll, sozusagen ein starkes Gegengewicht für das von außen kommende Böse darstellt. Das althochdeutsche Wort „nîd" bedeutet Neid, Hass oder Zorn – das mochte auch schon in alter Zeit niemand im Hause haben. Der grimmige Herr in der einstigen Mammonstraße hat jedenfalls gute Dienste geleistet, denn das Haus hat die Zeiten seit seiner Erbauung im Jahr 1785 unbeschadet überstanden.

Der neue Neidkopf, der die Fassade des ehemaligen Rechenzentrums schmückt, und genau auf einer Linie mit dem gegenüberliegenden Widderschädel (siehe Geheimnis 35) liegt, muss seinen ihm

Um die Wette die Zunge rausstrecken: Künstlerin Annette Paul und ihr Neidkopf.

zugedachten Job erst noch erledigen. Das Gebäude wurde von 1969 bis 1971 errichtet und beherbergte bis zur Wende den VEB Maschinelles Rechnen. Seit 2015 ist im ehemaligen Verwaltungsgebäude ein Kunst- und Kreativzentrum untergebracht.

Der alte Neidkopf bewahrt „sein" Haus bereits seit 1785.

Nur eine Armlänge entfernt befindet sich der neugebaute Turm der Garnisonkirche, die einst hier stand. 1945 wurde sie schwer beschädigt, 1968 schließlich abgerissen. Geschichte liegt manchmal nicht nur neben-, sondern auch übereinander. Würde nach dem Turm auch das Kirchenschiff wieder errichtet, müsste das Rechenzentrum weichen.

„Der Neidkopf bewahrt sein Haus", sagt Annette Paul und berichtet von der langen Tradition dieser Schutzgeber. „Solche dämonenhaften Fratzen kennt man als Apotropäum, als Gorgoneum oder Medusenhaupt mit wildem Blick und Schlangenhaaren als Schutz- und Schreckmittel schon in der vorchristlichen Zeit. Auch im christlichen Kulturkreis wurde seit dem Mittelalter diese Tradition übernommen, die vorher ebenso bei den Kelten verbreitet war. So hängt der Neidkopf des Rechenzentrums in einer langen Ahnenreihe."

So geht's zu den Neidköpfen:

Der alte Neidkopf befindet sich am Giebel des Hauses Werner-Seelenbinder-Straße 3. Der Neidkopf der Künstlerin Annette Paul ist am Rechenzentrum Breite Straße / Ecke Dortustraße angebracht.

Im vergoldeten Kuppelkreuz befand und befindet sich eine Zeitkapsel mit brisanten Schriftstücken.

37

Kuppelkreuz

Für die Nachwelt bewahrt

Es brauchte Mut, um in der DDR ein Christ zu sein, denn Repressalien und Diskriminierung gehörten zum Alltag von Menschen, die sich zu ihrem Glauben bekannten. Es konnte jeden Einzelnen treffen, der sich nicht systemkonform verhielt, aber die evangelische und katholische Kirche entzogen sich als Institution dem Einflussbereich des Staates – und das wurde als besondere Bedrohung angesehen. Jungen Gläubigen wurde oft der Zugang zu einer höheren Schulbildung verwehrt (siehe Geheimnis 06), nicht wenige Kirchenmitglieder landeten wegen ihres christlichen Bekenntnisses im Gefängnis.

Das Kuppelkreuz der Potsdamer Nikolaikirche hat über Jahrzehnte ein ganz besonderes Geheimnis bewahrt. Und das hängt eng mit eben dieser besonderen Rolle der Kirche in der DDR zusammen.

Der gebürtige Potsdamer Ralf Beschorner ist der Nikolaikirche seit vier Jahrzehnten verbunden, seit fast 30 Jahren engagiert er sich im Gemeindekirchenrat und kann seine ganz eigene Geschichte davon erzählen, wie es war, als junger Christ in der DDR zu leben: „Ich war achtzehn Monate Bausoldat", berichtet er von der einzigen Möglichkeit für junge christliche Männer, den Militärdienst an der Waffe bei der NVA (Nationale Volksarmee) zu umgehen: Er wurde in Prora eingesetzt, einem berühmt-berüchtigten Ort auf Rügen, in dem Tausende Oppositionelle von 1982 an beim Bau eines Hafens geschunden wurden. „Abitur durfte ich nicht machen, stattdessen habe ich Baufacharbeiter gelernt." Wie es wohl mit ihm weitergegangen wäre, wenn die Wende im Jahr 1989 nicht gekommen wäre? Darüber kann er nur spekulieren. Sein christliches Bekenntnis gehört zu seinem Leben und hat es geprägt.

Ralf Beschorner vor der Nikolaikirche. Er begleitet die Geschicke der Gemeinde seit Jahrzehnten.

Die Nikolaikirche wurde nach den schweren Kriegszerstörungen mühsam und über mehr als drei Jahrzehnte wiederaufgebaut. Die Wiedereinweihung konnte erst 1981 erfolgen. In luftiger Höhe ruhte ein Geheimnis, bis es im Jahr 2006 zu erneuten Sanierungsarbeiten kam: Damals wurde die Außenhülle der Kuppel abgenommen und somit auch das weithin sichtbare Kuppelkreuz. Da, wo Quer- und Längsbalken sich treffen, war eine halbrunde kupferne Kassette versteckt. „Nicht selten findet man sogenannte Zeitkapseln in Kirchen", erklärt Ralf Beschorner, „aber auch in anderen Gebäuden gibt es sie, zum Beispiel werden sie bei Grundsteinlegungen mit ins

Gemäuer eingebracht." Die Idee dahinter ist klar: Hier soll etwas für die Nachwelt sicher aufbewahrt werden. Wie könnte das besser geleistet werden als durch ein Schriftstück! „Die Kassette ist 1962, als die Kuppel nach den Kriegszerstörungen wiederaufgebaut wurde, in das Kreuz eingeschweißt worden. Was sie enthielt, war zum Teil eine riskante Angelegenheit", führt Ralf Beschorner aus. „Nur wenige Mitglieder des Gemeindekirchenrates wussten davon, und die bewahrten ihr Schweigen."

Warum sie das taten, wird klar, wenn man erfährt, was sich in der Kassette befand, die am 23. August 2006 geöffnet wurde. Ein Großteil der Dokumente war harmlos. Es handelte sich dabei um Pläne zum Wiederaufbau der Kirche, um Schwarz-Weiß-Fotos von der Errichtung der Kuppel, auch einige Münzen und Zeitungen aus jenen Tagen waren darin. „Das Brisante jedoch war eine Liste", sagt Beschorner, „und die enthielt die Namen von haupt- und ehrenamtlichen Kirchenmitarbeitern, die in dieser Zeit auf Grund ihres Bekenntnisses verfolgt, verurteilt und inhaftiert worden waren." Ein Pfarrer war darunter, einige Kirchenälteste, auch ein Student und ein Oberschüler. Die wenigen, die von dieser Liste wussten, schützten sich gegenseitig durch ihr Schweigen. Ihr Auffinden wäre für die Mitwisser ein direkter Weg ins Zuchthaus gewesen.

Seit das Kuppelkreuz 2006 – saniert und frisch vergoldet – zurück auf die Kirche gesetzt wurde, liegen wieder zwei verlötete Kupferkassetten darin. Die alten Dokumente sind durch neue, wie die Rede des damaligen Ministerpräsidenten von Brandenburg, Manfred Stolpe, zum Jahrestag der Wiedereinweihung der Nikolaikirche im Jahr 2006, ergänzt worden. In 77 Metern Höhe ruhen nun die Erinnerungen an gute und an schlechte Zeiten, an Menschen, die, in ihrem Glauben gefestigt, auch unter widrigen Umständen daran festhielten.

So geht's zum Kuppelkreuz:

Die Nikolaikirche steht am Alten Markt. Das Kuppelkreuz krönt das Gotteshaus.

Die Patriotin des Befreiungskampfes 1813
Freiwilliger Jäger im Lützowschen Freikorps
unter dem Namen August Renz,
Maria Christiana Eleonore Prochaska
x 11.03.1785
+ 05.10.1813
befand sich mit ihren Geschwistern während
der Teilnahme ihres Vaters an den Feldzügen
Preußens gegen das revolutionäre Frankreich
von 1794 bis 1797 in der Obhut des Großen
Potsdamer Militärwaisenhauses und wurde hier
betreut, unterrichtet und erzogen.

Gedenktafel

Frau in Männerkleidern

Die freiwilligen Soldaten, die im Herbst 1813 entschlossen gegen Napoleon in den Krieg zogen, staunten nicht schlecht, als sie unter sich einen Kameraden entdeckten, der ziemlich gut nähen und kochen konnte. Kein Wunder, dass er das konnte, denn bei dem Soldaten handelte es sich um eine Frau: Maria Christiana Eleonore Prochaska. Die hatte sich kurz entschlossen ihre Haare abgeschnitten und sich als Mann verkleidet, um den machthungrigen Franzosen Napoleon in seine Schranken zu weisen. Dörthe Kuhlmey ist fasziniert von dieser außergewöhnlichen Frau – hat sich mit ihrem Leben befasst und eine Gedenktafel am ehemaligen Militär-Waisenhaus entdeckt. In dem verbrachte Eleonore nämlich die ersten Jahre ihres Lebens. „Hier wurden nicht nur Waisen aufgenommen", erzählt die Stadtführerin, „manche Kinder hatten sogar noch beide Eltern, die sich aber aus verschiedenen Gründen nicht um sie kümmern konnten." Große Armut und Überforderung der Frauen mit vielen Kindern, wenn die Männer im Krieg waren, mag oft ein Grund gewesen sein.

So war das auch bei der 1785 geborenen Eleonore, deren Vater 1792 in den 1. Koalitionskrieg gegen Frankreich zog und wahrscheinlich um 1795/96 zurückkehrte. Gemeinsam mit ihrem älteren Bruder und zwei jüngeren Schwestern kam sie als Neunjährige ins Waisenhaus. „Die Minderjährigen wurden dort ernährt, erzogen und ausgebildet", weiß Dörthe Kuhlmey. „Die Versorgung mit Lebensmitteln erfolgte unter anderem über das nahegelegene Krongut Bornstedt." 1797 durfte Eleonore zurück nach Hause. Der Vater sah sich fortan in der Lage, die Erziehung und Versorgung seiner Kinder selbst zu übernehmen. „Er bekam als Kriegsveteran eine Art Rente", erklärt die Stadtführerin, „und dazu gab er in Privatstunden Musikunterricht." Nach der hauswirtschaftlichen Ausbildung im Waisenhaus lernte Eleonore von ihrem Vater das Flöten- und Trommelspiel. 1810 ging die

Stadtführerin Dörte Kuhlmey vor der Gedenktafel, die an eine ausgesprochen ungewöhnliche Frau erinnert.

unterdessen 25-Jährige in Stellung als Küchen- und Haushaltshilfe beim Potsdamer Hofbaurat Manger.

So weit, so normal für eine Frau von einfacher Herkunft zu dieser Zeit. Es hätte auch alles so bleiben können, aber Eleonore ging ihren eigenen und eigenwilligen Weg. Preußen war einige Jahre zuvor von Napoleons Truppen nahezu überrannt worden, erlitt große Gebietsverluste und der alte, einst so mächtige Staat war ab 1807 auf fünf Provinzen zusammengeschrumpft. Doch in den Folgejahren regte sich Widerstand im Volk, der darin mündete, dass schließlich auch König Friedrich Wilhelm III. (1770-1840) im März 1813 zu den Waffen rief und sich der Koalition von Österreich, Russland, Schweden und Großbritannien gegen Napoleon anschloss. Die preußischen Männer folgten dem Ruf zuhauf, die Begeisterung muss groß gewesen sein.

„Man kann sagen, dass Eleonore sehr zielgerichtet und entschlossen vorgegangen ist", erzählt die Stadtführerin, die sich insbesondere mit der Geschichte von Frauen im Land Brandenburg befasst. „Sie hat ihre Haare abgeschnitten und eine Waffe gekauft und sich dann einem Freikorps angeschlossen. Das waren die Freiwilligen, die sich zusammentaten und keine militärische Ausbildung hatten. Die konnten quasi auch mit einer Mistgabel bewaffnet sein." Und nun kommt das schier Unglaubliche: Das in Sandau an der Elbe gelegene legendäre Lützow'sche Freikorps war schon bald um einen Soldaten reicher – August Renz sein Name. Und der konnte auffällig gut kochen.

Das Erstaunen ihres Bruders, als er einen Brief von ihr erhielt, mag gewaltig gewesen sein, denn die Familie hatte allem Anschein nach von Eleonores Ambitionen nichts gewusst: „Lieber Bruder, nun habe ich dir etwas ganz Neues zu erzählen, worüber du mir aber versprechen musst, nicht böse zu sein. Ich bin seit vier Wochen schon Soldat!" Zuvor hatte sie all ihre Sachen verkauft, um sich Männerkleidung zuzulegen. „Meiner Klugheit kannst du zutrauen, dass ich unerkannt bleibe."

Tatsächlich gelang ihr das, und nach ihrer Ausbildung in Havelberg bestand sie in Lauenburg an der Elbe das erste Gefecht. Und darauf folgten wahrscheinlich noch weitere – bis zu jenem Septembertag in der Göhrde, nur rund einen Monat vor der Völkerschlacht bei Leipzig, die schließlich den Sieg über Napoleon markierte. Doch leider erlebte Eleonore diesen Triumph nicht mehr, denn sie war am 16. September bei Dannenberg schwer verwundet worden. In der Schlacht war sie durch ihren Mut aufgefallen, als sie einem gefallenen französischen Soldaten die Trommel abnahm und darauf den Sturmmarsch spielte, bis Kartätschenfeuer sie niederstreckte.

Kartätschen sind Behälter, die mit vielen Kugeln gefüllt sind. Nach dem Abfeuern zerplatzt die Hülse und die Kugeln prallen in verschiedene Richtungen ab, was die Wirkung verheerend macht und mit einem Schuss mehrere Menschen verwundet oder tötet.
So ein Geschoss zerschmetterte Eleonores Bein. Und obwohl sie noch vom Schlachtfeld getragen und in einem Privathaus in Dannenberg untergebracht und gepflegt wurde, starb sie am 5. Oktober 1813, erst 28-jährig, an den Folgen der Verletzung. Zwei Tage später wurde sie auf dem St. Annen-Friedhof in Dannenberg begraben – mit militärischen Ehren, wie überliefert ist.
„Eleonore ist nicht in Vergessenheit geraten", sagt Dörthe Kuhlmey. „Es gibt in Dannenberg ein Denkmal für sie und ebenso in Potsdam auf dem Alten Friedhof."

„Ein Potsdamer Soldatenkind muss sich auf alles verstehen", soll sie in der Schlacht gesagt haben, als ein Kamerad bewunderte, dass sie nicht nur schießen, sondern auch schneidern, singen, kochen und waschen konnte. Und er bewunderte sie zu Recht. Eleonore Prochaska hat sich neben all ihren Fähigkeiten auf jeden Fall darauf verstanden – im wahrsten und im übertragenen Sinne – einen alten Zopf abzuschneiden, indem sie beherzt und mutig die ihr zugedachte Frauenrolle verließ.

„Eleonore ist nicht in Vergessenheit geraten. Es gibt in Dannenberg ein Denkmal für sie und ebenso in Potsdam auf dem Alten Friedhof."

So geht's zur Gedenktafel:

Die Gedenktafel hängt neben dem Eingang zum ehemaligen Militärwaisenhaus in der Lindenstraße 34.

O-Bus-Mast

Hier fuhr ein exklusives Fahrzeug

Den einsam am Bahndamm aufragenden Masten übersieht wohl jeder. Weder ist er besonders ansehnlich noch sonst irgendwie auffällig. Und warum er dort steht, wissen wahrscheinlich nur noch die Leute, die sich an ein Nahverkehrsmittel erinnern, das seit 1995 in Potsdam nicht mehr unterwegs ist. Oder genauer gesagt: in Babelsberg, denn in *ganz* Potsdam verkehrte der elektrische Oberleitungsbus, kurz O-Bus, ohnehin nie. Masten wie derjenige, der heute so verloren am Bahndamm steht, hatten die Aufgabe, die Leitungen zu halten, die die Busse mit Strom versorgten.

„Es gibt in Deutschland heute kaum noch Städte, in denen O-Busse fahren", sagt Robert Leichsenring, der von Kindesbeinen an Straßenbahn-Fan ist und sich im Zuge dessen auch mit dem besonderen Bus beschäftigt hat. „Das hat sich einfach nicht flächendeckend durchgesetzt, was schade ist, denn es ist ein leises und zudem geruchsfreies Fahrzeug." Wer schon mal zur Rushhour an einer Hauptverkehrsstraße stand, ob nun in Potsdam oder anderswo, weiß, was er meint.

Dabei hatte das ruhige Verkehrsmittel lange Jahre keinen schlechten Stand in Babelsberg, schließlich fuhr es von 1949 bis 1971 auf bis zu drei verschiedenen Linien und insgesamt 12,8 Kilometern. „Ende der 1970er-Jahre wurde es dann aber schon einmal eng für den O-Bus", erzählt Leichsenring. „Es gab zu viele Probleme mit den in die Jahre gekommenen Fahrzeugen, und deshalb mussten Dieselbusse zur Unterstützung eingesetzt werden. Erst ab 1984 besserte sich die Situation wieder durch die Anschaffung eines neuen Bus-Typs von Skoda."

Erste Überlegungen den O-Bus nach Babelsberg zu bringen, gab es ab 1941. Damals war Babelsberg, das bis 1939 Nowawes hieß und erst am 1. April 1939 nach Potsdam eingemeindet wurde, mit drei Omnibuslinien ausgestattet. „Im Verlauf des Krieges wurde jedoch der Treibstoff knapp", erzählt Robert Leichsenring, „die Firma Siemens

So schick sahen die O-Busse aus. Robert Leichsenring besitzt ein Modell eines O-Busses vom Typ Skoda 14Tr. Hinter ihm steht ein alter O-Bus-Mast.

erarbeitete Pläne für ein weitreichendes Babelsberger O-Bus-Netz. Auch erste Masten wurden gesetzt. Doch weil zivile Projekte in dieser Zeit kaum eine Rolle spielten, wurde der Babelsberger O-Bus nicht weiter verfolgt.“ Aber nicht für immer, denn im Jahr 1949 wurde die erste O-Bus-Linie in Betrieb genommen: 5,8 Kilometer zwischen Goetheplatz und Drewitz. „Mit zwei Fahrzeugen auf Alpha-Romeo-Fahrgestellen wurde diese Linie befahren“, erklärt der Stadtkenner. „Ab 1952 kamen sowohl Busse aus DDR-Produktion als auch weitere Strecken samt Wendeschleifen hinzu.“

Insgesamt gab es drei Linien: A – Goethestraße nach Drewitz/Ort, B – Babelsberg Nord nach Steinstraße und C – Drewitz nach Rathaus Babelsberg.

Aber wirklicher Segen lag auf dem Projekt nicht, denn vor allem der Mangel an Ersatzteilen erschwerte den Betrieb, und eine geplante Erweiterung des Netzes nach Teltow kam erst gar nicht zustande. Bereits 1958 wurde die Linie C wieder eingestellt und 1971 ging auch die Strecke A nach Drewitz vom Netz, weil dort ein Teil der Route mit dem Neubaugebiet „Am Stern“ überbaut wurde. Leider half auch die Wende dem Verkehrsmittel nicht auf die Sprünge. „Es hätte unter anderem den politischen Willen gebraucht, das Geld für die Sanierung der Oberleitungen und neue Fahrzeuge bereitzustellen“, sagt Robert Leichsenring, der die Einstellung der O-Buslinien sehr bedauert. Am 18. Januar 1995 rollte letztmalig ein O-Bus durch Babelsberg.

„Es hätte unter anderem den politischen Willen gebraucht, das Geld für die Sanierung der Oberleitungen und neue Fahrzeuge bereitzustellen.“

Heute, wo Elektromobilität in aller Munde ist, würde der leise und umweltfreundliche O-Bus einen wichtigen Beitrag zum Klimaschutz leisten.

So geht’s zum O-Bus-Masten:

Der Mast befindet sich direkt an der S-Bahn-Brücke über die Karl-Liebknecht-Straße, gegenüber dem Haus Nr. 3.

In der einstigen Zichorienmühle darf man heute ungestraft sein Tässchen Mokka trinken.

40

Zichorienmühle

Von Muckefuck und Kaffeeschnüfflern

Ei, wie schmeckt der Coffee süsse, / Lieblicher als tausend Küsse, / Milder als Muskatenwein. / Coffee, Coffee muss ich haben, / Und wenn jemand mich will laben, / Ach, so schenkt mir Coffee ein!

Johann Sebastian Bach (1685-1750) wusste es: Vom Kaffee kann, wer ihn mag, nur schwer lassen. Es ist einfach ein zu köstliches, noch dazu belebendes Getränk. Friedrich der Große (1712-1786), ob er nun Bachs Kaffeekantate kannte oder nicht, wusste es ebenfalls. Nun wächst Kaffee nicht in hiesigen Breiten und der König, der es sich auf die Fahnen geschrieben hatte, die nationale Wirtschaft zu stärken, hat – wie im Fall der Seidenproduktion (siehe Geheimnis 04) – auch in Sachen des verführerischen Getränks seinen ganz eigenen Umgang gefunden: Er hat für Kaffee, Tabak und Porzellan ein staatliches Monopol eingeführt, gegen das die Untertanen nicht verstoßen durften. Um sie davon abzuhalten, es doch zu tun, wurde einer der wohl seltsamsten Berufe der Welt erfunden: der des Kaffeeschnüfflers.

Friedrichs Kaffeeverbot hatte finanzielle Hintergründe, der Siebenjährigen Krieg (1756-1763) hatte die Staatskasse geschröpft, sie musste wieder gefüllt werden – aber wie? Wo sollte das Geld herkommen? Nun ja, die Leute tranken gern Kaffee, vielleicht ließ sich da etwas machen. Kaffee musste importiert werden, das Geld ging somit außer Landes, und deshalb untersagte der König im Jahr 1766 die freie Kaffee-Einfuhr durch die Einführung einer neuen Akzise- und Zollordnung. Nur der Staat selbst durfte mit Kaffeebohnen handeln, geröstet wurde in einer staatlichen Rösterei in Berlin, wenige Händler boten die Bohnen zu horrenden Preisen an. Das bei allen Bevölkerungsschichten beliebte Getränk war mit gewaltigen Steuern belegt.

Actio gleich Reactio – das gilt nicht nur in der Physik. Je stärker die Maßnahmen des Königs, desto erfinderischer das Volk. In Hamburg kostete der ungeröstete Kaffee ein paar Groschen, eine Dose Kaffee in Preußen jedoch einen ganzen Taler. Also begann der Schmuggel zu blühen. Beim Verstecken des begehrten Rohkaffees war man nicht zimperlich, sogar Särge sollen dafür hergehalten haben. Und geröstet wurde einfach zuhause. Bis im Januar 1781 ein neues, noch härteres Gesetz erlassen wurde: „Es ist allen und jedem verboten, in den Häusern oder irgend anderswo Kaffee zu brennen, und keinen anderen Kaffee zu führen als denjenigen von der General-Niederlage in Paketen versiegelten und gestempelten Kaffee.“ Und dann kamen die Kaffeeschnüffler. Das waren 400 dienstentlassene französische Soldaten, die nur dazu da waren, Kaffeeduft zu wittern, sei es im Gepäck von Reisenden oder in den Küchen der Häuser. Beliebt waren die Herren natürlich nicht, sollten sie doch diejenigen überführen, die sich einer Straftat in Sachen Kaffee schuldig gemacht hatten.

„Es ist allen und jedem verboten, in den Häusern oder irgend anderswo Kaffee zu brennen.“

Und nun zur Alternative, denn Not macht bekanntlich erfinderisch. Rettung aus dem ganzen Dilemma sollte eine hiesige, blau blühende Pflanze bringen: die Wegwarte (Cichorium intybus). Hofgärtner Johann David Timme gilt als Entdecker der gesünderen und billigeren Kaffeevariante. Auf preußischem Gebiet um Berlin, Breslau und Magdeburg wurden nun große Zichorienkulturen angelegt. Beim Rösten der inulinhaltigen Wurzel der Pflanze entstehen nämlich Kaffeearomen. Der Blümchenkaffee war geboren, auch „Mocca Faux", falscher Mokka – oder schlicht „Muckefuck" genannt.

„Der Blümchenkaffee war geboren, auch ‚Mokka Faux', falscher Mokka – oder schlicht ‚Muckefuck' genannt."

Die Potsdamer Zichorienmühle wurde um 1799 als „Knochenhauer'sche Zichorien-Fabrique" gegründet. Langer Bestand war ihr jedoch nicht vergönnt, im Jahr 1813 wurde der Betrieb als Mühle eingestellt, was sicher auch damit zu tun hatte, dass der Nachfolger Friedrichs des Großen, sein Neffe Friedrich Wilhelm II. (1744-1797), das Kaffeemonopol aufhob. Und damit endete auch die Ära der Kaffeeschnüffler.

Wer heute im Restaurant mit Blick auf den Tiefen See seinen Kaffee trinkt, darf beides: genüsslich dran schnüffeln und ungestraft genießen. Vielleicht würde es den Alten Fritz freuen, dass Zichorienkaffee heutzutage ein Modegetränk ist.

So geht's zur Zichorienmühle:

Die ehemalige Zichorienmühle steht in der Schiffbauergasse 12.

Seit seiner Sanierung ist der Grabstein des Langen Kerls wieder in gutem Zustand.

41

Grabstein

Erinnerung an einen Langen Kerl

Von der Leidenschaft des „Soldatenkönig" genannten Friedrich Wilhelm I. (1688-1740) für besonders hochgewachsene Männer weiß in Potsdam wahrscheinlich jedes Kind. Ob sie auch wissen, dass einer der sogenannten Langen Kerls auf dem Bornstedter Friedhof seine letzte Ruhestätte gefunden hat?

„Es ist das einzige erhaltene Grab eines Mitglieds der Königlichen Leibgarde", sagt Susanne Drenhaus-Lemgo, die regelmäßig Führungen über den Friedhof anbietet.

„Der König hatte von seinem Vater ein stark verschuldetes Staatswesen übernommen", erklärt sie die geschichtlichen Hintergründe.

„Und er hatte sich zum Ziel gesetzt, aus Preußen einen starken Staat zu formen, militärisch, ja, aber auch ökonomisch. Dieses Ziel verfolgte er beharrlich. Alles, was er getan hat, muss in diesem Kontext gesehen werden."

Die Wertschätzung und der Mythos großgewachsener Soldaten habe sich aus dem Zusammenspiel von im wahrsten Sinne angenommener „großer Kampfkraft" und Schönheit ergeben und sei wichtig für das Prestige des Herrschers gewesen. „Die hochgewachsenen Soldaten konnten beispielsweise die langen Vorderladergewehre bedienen, für die eine große Armspannweite nötig war. Geschätzt wurden sie allerdings nicht erst durch Friedrich Wilhelm I., der übrigens so ganz und gar nicht kriegerisch war. Der aber baute seine Garde wohl mit der größten Leidenschaft und Konsequenz auf."

Heinrich Wilhelm Wagenführer (1690-1758) ist der Name des Soldaten, dessen Grabstein erhalten ist. Vermutlich ist er Anfang der 1720er-Jahre nach Preußen gekommen. „Er stammt aus der rheinländischen Grafschaft Neuwied", erzählt die Friedhofskennerin. „Seiner Grabsteininschrift ist zu entnehmen, dass er ein *angesehener Kauf und Handelsmann* war. Der in unmittelbarer Nähe aufgestellte Grabstein seiner Frau verrät seinen späteren Beruf als *Weiß- und Weinhändler*." Das wurde er natürlich erst nach seiner mehrjährigen Dienstzeit in der Leibgarde, die er nach einer Pflichtzeit von wahrscheinlich sechs Jahren zweimal verlängerte.

König Friedrich Wilhelms Herz hing an seinen Soldaten: „Weil ich doch in der Welt in nichts Plaisier finde als in einer guten Armée", hat er gesagt und danach das Leben und die Finanzen an seinem Hof ausgerichtet. Er baute im Verlauf seiner Regierungszeit das preußische Heer zu einer beeindruckenden Größe aus, seine Aufmerksamkeit galt der besonderen Gruppe der „Langen Kerls", von denen es schließlich mehr als 3.800 gab. Er nannte sie schwärmerisch seine „blauen Kinder". Der König bestimmte, dass die Soldaten seiner Leibgarde mindestens sechs Fuß groß sein mussten. Immerhin rund 1,88 Meter – für damalige Verhältnisse war das eine nicht unbedingt normale Größe. Umso stärker und auch kostspieliger waren die Anstrengungen des Königs, passende Soldaten zu finden. Einige europäische Herrscher sandten, um ihn gewogen zu stimmen oder einen Vorteil zu erhalten, geeignete Männer nach Potsdam. So kam zum Beispiel im Jahr 1718 eine beachtliche Anzahl solcher großen Herren aus Russland in Potsdam an, geschickt von Zar Peter dem Großen (1672-1725), der sie im ganzen russischen Reich hatte zusammensuchen lassen. Berühmt geworden ist der Ire James Kirkland, der mit seinen 2,17 Meter wahrscheinlich der Größte der Truppe war, aber auch eine Ausnahmeerscheinung. Die meisten Langen Kerls brachten es nicht auf diese Größe. Gekleidet waren die Männer in eine blau-rote Uniform, und eine 45 Zentimeter hohe Kopfbedeckung ließ sie noch deutlich größer wirken. Es muss beeindruckend gewesen sein, wenn sie durch die Garnisonsstadt marschierten. „Ein Teil, aber bei weitem nicht alle der großgewachsenen Männer, kamen unter Zwang nach Potsdam. Deren Anwerbung war häufig eine geschäftsmäßige Angelegenheit, denn Handgeld und Soldzahlungen erschienen nicht wenigen erst einmal als lohnend", erklärt Susanne Drenhaus-Lemgo. „Es gab auch diejenigen, die bereit waren, ihre Pflichtzeit zu verlängern. Wagenführer tat dies zweimal und man kann davon ausgehen, dass er, der aus einem wohlhabenden Elternhaus kam, auch in Potsdam schließlich als gut besoldeter Berufssoldat lebte."

Susanne Drenhaus-Lemgo erfuhr durch die Beschäftigung mit den Grabmälern viel über die Stadt und ihre Bewohner.

Viele Soldaten, aber auch Handwerker, die aus verschiedenen Ländern nach Potsdam gekommen waren, um am Bau der Stadt mitzuwirken, waren am Ende der Regierungszeit Friedrich Wilhelms I. gut sozialisiert. „Die erwünschte Größe der gesamten Garnison war in der Zeit vor dem Tod des Königs erreicht“, weiß die Friedhofskennerin. Viele Zugewanderte blieben freiwillig in Potsdam und auch unter den großen Grenadieren gab es eine Heiratswelle.“ Wogegen der König nichts einzuwenden hatte, denn zufriedene Soldaten desertieren nicht.

Als Friedrich Wilhelms Sohn Friedrich II. (1712-1786) im Jahr 1740 König wurde, war es mit dem Langen Kerls vorbei, denn er löste die Truppe auf. Davon war auch Heinrich Wilhelm Wagenführer betroffen, der aber in Potsdam blieb, heiratete und bis zu seinem Tode die Weiß- und Weinhandlung betrieb.

Die Grabplatte Wagenführers ist aus Sandstein und zeigt die im Rokoko übliche lebendige Rahmung sowie sogenannte Vanitas-Motive – Totenschädel und Sanduhr – als Mahnung an die Vergänglichkeit des irdischen Lebens. Beinahe hätte es auch den Grabstein nicht mehr gegeben. „Wagenführers Grabstelle war sehr stark von Ulmenwurzeln überdeckt, das hat sogar Fontane in seinen *Wanderungen* schon beschrieben“, weiß Susanne Drenhaus-Lemgo. „Der Stein wurde 1987 freigelegt und restauriert, sodass die Schrift wieder lesbar ist.“ Die Gräber seiner Frau Maria Johanna Calefice (1710-1778), die als Witwe sein Geschäft weiterbetrieb, und deren Schwester Maria Therese Calefice (1713-1795) befinden sich in unmittelbarer Nachbarschaft.

Der Erhalt des Grabsteins – und somit eines Zeugnisses der nur rund 30 Jahre andauernden, aber spannenden Etappe preußischer Militärgeschichte unter dem „Soldatenkönig“ – ist nicht selbstverständlich und somit eine echte Rarität.

So geht’s zum Grabstein:

Der Grabstein befindet sich auf dem Friedhof Bornstedt in der Ribbeckstraße 40 nahe der Kirche, vom Kirchenportal aus auf der linken Seite.

42

Helle Steine

Nichts soll vergessen werden

Geht nicht, gibt's nicht in Potsdam. Jedenfalls nicht, wenn es um den Erhalt historischer Bausubstanz geht. Ein Häuflein Eigensinniger findet sich immer zusammen. Manchmal wird daraus eine richtig große Sache. Und das ist der Grund dafür, warum in der gelblichen Mauer am Winzerberg heute hellere Steine zu erkennen sind. Ein zugemauerter Eingang. Wohin dieser einst führte, kann Baudenkmalpfleger Roland Schulze ebenso erklären wie er weiß, dass der Farbunterschied nicht damit zusammenhängt, dass es die originale Farbe nicht mehr gab. Nein, der Bauverein wählte den abweichenden Ton bewusst, um an den einstigen Eingang zu erinnern. Jener „Bauverein Winzerberg" hat sich im Jahr 2004 gegründet. „Wir wollten nicht hinnehmen, dass ein Stück Potsdamer Geschichte weiter und weiter verwahrloste und einfach nichts geschah", sagt Gründungsmitglied Roland Schulze. Tom Zimmermann, Restaurator und ebenfalls Mitbegründer des Vereins, nickt dazu. „Die Anlage galt als unsanierbar", erklärt er. „Aber das hat uns nicht abgehalten, den Berg mit seiner reichen Historie erst einmal gründlich unter die Lupe zu nehmen." Dass die Vereinsmitglieder dabei nicht nur auf alte, sondern auch auf jüngere Geschichte stießen, war ihnen von vornherein klar. Im Zweiten Weltkrieg bot der Berg Potsdamern, die Schutz vor feindlichen Bomben suchten, Zuflucht. Wo sich heute die helleren Steine befinden, lag der Eingang zu diesem Bunker. „Es gibt Zeitzeugen, die den 1944 in den Berg getriebenen Zufluchtsort noch von innen gesehen haben", sagt Roland Schulze. „Als Potsdam im April 1945 umkämpft wurde, saßen hunderte Menschen in den Stollen, während über ihnen die Rote Armee mit der Wehrmacht rang."

Doch natürlich gibt es über den Berg noch viel mehr zu berichten, der ganz unspektakulär als Lehmgrube seinen Anfang nahm. Auch eine Mühle hat es hier gegeben, die aber im Jahr 1749 abbrannte. Verkohlte Mühlenreste und ein schlammiger Krater auf dem Weg von

Roland Schulze (links) und Tom Zimmermann (rechts) sind Mitbegründer des Bauvereins Winzerberg. Hinter den neueren, hellen Steinen liegt der Bunker verborgen.

Potsdam nach Sanssouci, das war ein Anblick, den Friedrich II. (1712-1786) nicht gerne ertragen wollte. Deshalb ordnete er an, dass die Gegend in die Gestaltung seiner Parkanlagen einbezogen werden sollte. Sein Ziel: Wein- und Obstanbau. Heinrich Ludwig Manger (1728-1790), Architekt am Hofe des Königs, entwarf im Jahr 1763 dazu eine terrassenförmige Anlage mit Talut- und Treibemauern. Allerdings waren hohe Kosten zu erwarten, denn die Lehmgrube war nicht gerade ein idealer Baugrund. „Im Boden in bis zu 28 Metern Tiefe wurden Fundamentmauern errichtet, um das Ganze überhaupt tragfähig zu machen“, erklärt Roland Schulze. „Das sind starke gemauerte Pfeiler mit darüber gespannten Bögen, die anschließend mit Erde aufgeschüttet wurden. Darauf wurden die vier jeweils 67 Meter langen Terrassen angelegt.“ Was im Boden liegt, gerät gern in Vergessenheit, so war es auch hier beim Winzerberg. „Erst als wir die Sanierung des Bergs vorbereiteten, wurden diese außergewöhnlichen Fundamente wiederentdeckt.“

Keine Spur von Verfall mehr: Nach über zehn Jahren Sanierung ist der Winzerberg ein Kleinod in Potsdams Stadtbild.

Nachdem die Lehmgrube zur Terrassenanlage geworden war, ging es an die gärtnerische Gestaltung. Architekt Manger schwärmt in seiner *Potsdamer Baugeschichte*, es würden dort die „vortrefflichsten ausländischen Weintrauben, Pfirsichen, Feigen und Aprikosen“ gezogen. Wie? Mediterranes Obst mitten in Potsdam? Der Grund für den Ernteerfolg sind die oben erwähnten Talutmauern: Diese besitzen ein vorspringendes Dach, das die Obstspaliere von oben schützt. Die Wärme der Sonnenstrahlen wird in den Steinen gespeichert und zu guter Letzt können vor einer solchen Mauer schiebbare Glasscheiben angebracht werden, sodass auch empfindliches Obst ideale Bedingungen zum Reifen erhält. Die Parkanlagen von Sanssouci waren übrigens einst voller Nutzgärten, Treibhäuser und sogar beheizter Treibmauern, an denen Ananas, Pfirsiche und Bananen gediehen, denn Friedrich der Große schätzte exotisches Obst und Gemüse auf seiner Speisekarte. Und das nun mal am liebsten aus heimischen Gefilden.

Eine Umgestaltung des Winzerbergs erfolgte unter Friedrich Wilhelm IV. (1795-1861). Sehr ambitionierte Pläne, den Berg in eine Art preußische Triumphstraße einzubeziehen, wurden zwar nicht verwirklicht, aber immerhin entstand das Triumphtor (siehe Geheimnis 43) in den Jahren 1851/52. Auch wurde der Berg diversen Verschönerungsmaßnahmen unterzogen, dazu zählten Sichtmauerwerk aus gelben Ziegeln vor den Talutmauern, Pergolen, Skulpturennischen, eine Freitreppe, auch die Terrassenverglasung wurde mit gusseisernen Fenstern erneuert. Die Anlage sollte einem italienischen Weinberg gleichen, wozu nicht zuletzt der Umbau des eingeschossigen Winzerhauses zu einer prächtigen Turmvilla beitrug. Auf alten Zeichnungen ist zu sehen, wie malerisch das Ensemble wirkte, nachdem der durch mehrfache Italienreisen in Architektur und Kunst gebildete König dem Ganzen den von ihm gewünschten Schliff verliehen hatte.

„Malerisch sah es hier in gewisser Weise auch aus, als wir uns 2004 dem Winzerberg zuwandten", sagt Roland Schulze. „Der ganze Berg war nämlich von dichtem Grün überwuchert. Aber darunter verborgen befanden sich Ruinen – halb eingestürzte Mauern und verrottetes Holz und nicht zuletzt der Bunkereingang."

Ein Jahr vor Kriegsende war mit dem Bau des Bunkers begonnen worden. Es war geplant, drei Stollen in den Berg zu treiben, die im Innern aufeinandertreffen sollten. Zu Ende gebracht wurde jedoch nur der sogenannte Augusta-Stollen, dessen Haupteingang sich genau bei den Winzerbergterrassen befand. Tausende Menschen sollten hier bei Luftangriffen Schutz suchen können.

„Nach dem Krieg wurde der Eingang zuerst mit Trümmerschutt gefüllt", erzählt Roland Schulze. „Aber als die Russen den vorderen Teil sprengten, stürzten auch die ersten beiden Terrassen des Berges ein. Danach blieb das alles sich selbst überlassen, bis auf Untersuchungen am Bunker in den 1990er-Jahren und die anschließende Verfüllung der Hohlräume."

Ab 2007 begannen Roland Schulze und sein Team am Winzerberg zu bauen. Und was mit einer Vision und sieben Personen begann, ist von diesem Moment an zu einer fast schon wundersamen Massenbewegung geworden. Oder nüchterner formuliert: Der Verein hat heute mehr als hundert Mitglieder, und was hier auf die Beine gestellt wurde, ist mehr als beachtlich. „Hunderte Helfer hatten wir hier. Lehrlinge, Freiwillige, Firmen, Praktikanten, Diplomanden und Potsdamer aus allen Schichten der Bevölkerung. Eigentlich immer, wenn wir etwas brauchten, sei es Material oder Geld, war es zur Stelle", schwärmt Roland Schulze, den nach dieser überwältigenden Erfahrung wahrscheinlich nichts mehr aus der Ruhe bringt. So auch nicht die letzte große Aktion – die Verglasung der Weinbergterrassen. Tausende Menschen sind Scheibenpaten geworden. Zum Dank für die Spende wird in die Scheibe eine Inschrift nach Wahl des Spenders eingraviert. Es macht einfach Freude, über die Terrassen zu spazieren und zu lesen, wer hier alles seine Spuren hinterlassen hat.

Der Bunker, der nun mit Asche verfüllt in der Tiefe ruht, soll verschlossen bleiben. „Aber vergessen werden soll er nicht, denn er gehört genauso zur Geschichte dieses Ortes wie Obstgehölze und Weinstöcke", sagt Roland Schulze. „Da, wo sich der Eingang einst befand, haben wir uns bewusst für ein andersfarbiges, etwas helleres Mauerwerk entschieden."

Wer mag, kann heute einen langen Tag entspannt am Winzerberg ausklingen lassen, die Rebstöcke bewundern, zwischen Blumen- und Gemüsebeeten wandeln und an Rosen schnuppern. Jeden Donnerstag und Freitag gibt es abends Wein und Musik.

Unterdessen finden Roland Schulze und Tom Zimmermann vielleicht ein weiteres Herzensprojekt. Wer weiß …

So geht's zu den hellen Steinen:

Der Winzerberg befindet sich in der Schopenhauerstraße 23. Die hellen Steine sind im Mauerwerk deutlich zu erkennen.

Die Frau mit Engelsflügeln bewundert das Flügelrad – und damit die Geschwindigkeit, die es symbolisiert.

43

Flügelrad

Technischer Fortschritt in Sicht

Restaurator Tom Zimmermann kennt das Triumphtor in der Schopenhauerstraße in- und auswendig, weil er es im Jahr 2000 restaurierte. „Es ging darum, den fortschreitenden Verfall des Objektes zu stoppen", erinnert er sich an die komplexe Aufgabe. Das Tor, das nach einer Idee und eigenhändigen Skizzen von Preußenkönig Friedrich Wilhelm IV. (1795-1861) erbaut wurde, steht seit 1850/51 an seinem Platz am Winzerberg. Und nur wer ganz genau hinschaut, wird neben klassischen Allegorien zwei Symbole entdecken, die auf den ersten Blick überhaupt nicht zu passen scheinen.

Hintergrund der Errichtung des Tores sind die revolutionären Ereignisse jener Zeit. Von Frankreich ausgehend, war im Jahr 1848 die Revolution auch nach Deutschland gekommen. Karl Marx (1818-1883) und Friedrich Engels (1820-1895) veröffentlichten das *Kommu-*

nistische Manifest, der Wunsch nach Demokratie und bürgerlichen Rechten erstarkte und brach sich in der Märzrevolution Bahn. Infolge der Aufstände kam es zur ersten, nach allgemeinem und gleichem Wahlrecht gewählten deutschen Nationalversammlung aller deutschen Staaten und Österreichs. Sie trat am 18. Mai 1848 in der Frankfurter Paulskirche zur Ausarbeitung einer Verfassung für einen geeinten deutschen Staat zusammen. Die im März 1849 von dieser Nationalversammlung verabschiedete Reichsverfassung mit dem Ziel einer konstitutionellen Monarchie scheiterte, weil nicht alle deutschen Regierungen sie annahmen. Zudem lehnte Friedrich Wilhelm IV. die ihm angetragene Kaiserkrone ab. Es kam erneut zu Kämpfen, insbesondere in Baden. Preußen sandte Großherzog Karl Leopold I. Friedrich von Baden (1790-1852) Truppen zur Unterstützung. Am 23. Juni 1849 endeten die Aufstände in Rastatt mit der Niederlage der badischen Revolutionäre. Die deutsche Revolution war beendet und die Restauration ließ nicht lange auf sich warten: Für Friedrich Wilhelm IV. fühlte sich das wie ein Triumph an, und deshalb ließ er das Tor am Winzerberg nach Plänen von Friedrich August Stüler (1800-1865) und Ludwig Ferdinand Hesse (1795-1876) in Auftrag geben. Eigentlich sollte eine ganze Triumphstraße entstehen, die jedoch nicht realisiert wurde.

Restaurator Tom Zimmermann hat sich dem Triumphtor im Jahr 2000 gewidmet.

„Der König hat das Tor seinem Bruder gewidmet", erzählt Tom Zimmermann. Der Kronprinz und spätere Preußische König und Deutsche Kaiser Wilhelm I. (1797-1888) stand an der Spitze der preußischen Truppen, die den Aufstand in Baden niedergeschlagen hatten. „Im Innern des reichverzierten Tors ist deshalb die Nike zu sehen, die griechische Siegesgöttin. Auf der Vorder- und Rückseite zeigen die Terrakotta-Reliefs verschiedene Allegorien. Die Stärke, die Gerechtigkeit, die Mäßigung und die Weisheit, auf der Rückseite die Architektur, die Malerei, die Plastik und die Poesie."

Die jedoch auch vorhandenen Hinweise auf *technische* Errungenschaften sind besonders: Auf der rechten Seite hält eine Frauenfigur in antiker Kleidung ein Flügelrad in der Hand. „Zusammen mit der Fackel in der linken Hand und dem Meilenstein im linken Bildrand steht das symbolisch für die Eisenbahn", erklärt der Restaurator. „Es ist tatsächlich das erste Mal, dass das Flügelrad – die Flügel stehen für Geschwindigkeit – als Eisenbahnsymbol in Erscheinung tritt. Später fand es weltweite Verbreitung." In Bezug auf technischen Fortschritt gab sich der reaktionäre preußische Herrscher also überraschend modern. Die erste Eisenbahn war in Preußen im Jahr 1838 zwischen Berlin und Potsdam über die Schienen gerollt.

„Es ist tatsächlich das erste Mal, dass das Flügelrad – die Flügel stehen für Geschwindigkeit – als Eisenbahnsymbol in Erscheinung tritt."

Im Hintergrund der ebenfalls antik gewandeten, geflügelten Frauenfigur auf der anderen Seite des Bogens sind Telegrafenmasten zu sehen, zwischen denen Blitze zucken. Auch diese Darstellung hat einen aktuellen Bezug: Im Jahr 1846 wurde nämlich in Preußen die erste elektrische Telegrafenlinie installiert und löste bis zum Jahr 1853 die optische Telegrafie ab, bei der mit Hilfe von schwenkbaren Signalarmen Zeichen von einer zur nächsten Telegrafenstation weitergegeben wurden. Dazu waren jedoch immer beste Sichtverhältnisse nötig. Doch wann gibt es die schon in Deutschland?

Nicht nur die Entwicklung der Technik schritt im weiteren Verlauf rasant fort, auch das Rad der Geschichte drehte sich weiter. Aber das hat Friedrich Wilhelm IV. nicht mehr miterlebt.

So geht's zum Flügelrad:

Das Flügelrad befindet sich an der dem Winzerberg zugewandten Seite des Triumphtors, Schopenhauerstraße 23.

Schornsteine

Warum die Potsdamer Kartoffel nicht essbar ist

In den Schatzkammern von Geodäten befinden sich weder Gold noch Edelsteine, sondern Pendel. Ein bisschen eigen sind sie dann doch, die Wissenschaftlerinnen und Wissenschaftler. Und manchmal ist auch nicht ganz leicht zu verstehen, was sie machen. Dass ihre klugen Köpfe faszinierende Dinge herausfinden, lässt sich allerdings nicht bestreiten.

Warum Pendel in Potsdam ein ganz spezielles Haus benötigten, warum die Potsdamer Kartoffel nicht essbar ist und was beides miteinander zu tun hat, erklärt Dr. Oliver Bens, einer der Geowissenschaftler vom Telegrafenberg.

„Vor rund 110 Jahren wurde hier an dieser Stelle erstmals die Erdbeschleunigung beziehungsweise die Erdanziehungskraft so genau bestimmt, dass dieser Messwert für viele Jahre der weltweit gültige Referenzwert wurde“, sagt er. „Dieser Wert wurde mit speziellen Pendelapparaten ermittelt.“ Aber nicht nur der 50 Quadratmeter große Saal, in dem sich die geodätischen Messinstrumente befanden, auch das gesamte Haus ist besonders. Das beginnt schon mit der äußeren Erscheinung – und ganzen vier Schornsteinen. Die Pendel nämlich waren richtige Sensibelchen, denn sie konnten durch viele Faktoren beeinflusst werden: schwankende Temperaturen und Erschütterungen zum Beispiel, aber auch durch die Luftreibung.

„Vor rund 110 Jahren wurde hier an dieser Stelle erstmals die Erdbeschleunigung beziehungsweise die Erdanziehungskraft so genau bestimmt, dass dieser Messwert für viele Jahre der weltweit gültige Referenzwert war.“

Das alles ließ sich unter normalen Bedingungen kaum ausschalten, und deshalb ist die Bauweise des Pendelsaals ganz speziell auf diese Bedürfnisse abgestimmt. Schon das Fundament besteht aus hunderttausend Ziegeln, damit es stabil ist. Die Wände sind aus Wellblech,

Dr. Oliver Bens kann erklären, warum das Haus hinter ihm so viele Schornsteine hat.

dahinter befinden sich Hohlräume, durch den schmalen Spalt zwischen Wellblech und Mauerwerk floss die im Keller von Gasflammen aus großen Bunsenbrennern erzeugte konstante Wärme, die durch die vier Schornsteine auf dem Dach abgeleitet wurde. Die Brenner beheizten die darüber befindlichen Räume, so auch den Pendelsaal, in dem von 1898 bis 1904 der „Potsdamer Schwerewert" – so die Bezeichnung für die Kraft der Erdanziehung – gemessen wurde. Dazu noch Schummerlicht: Und fertig war die Kammer der Geodäsie!

Seitdem wissen wir, dass zum Beispiel eine Kartoffel mit einer Geschwindigkeit von 9,81 Metern pro Sekunde im Quadrat auf den Boden fällt.

Aber mit der sogenannten „Potsdamer Kartoffel" hat es noch eine ganz andere Bewandtnis: Das Schwerefeld der Erde ist nämlich nicht überall gleichförmig, auch das haben die Geowissenschaftler herausgefunden. Regional können die Erdanziehungskräfte unterschiedlich stark sein. „Stellen wir uns das bildlich vor", erklärt Oliver Bens, „dann sieht es so aus, als hätte die Erdoberfläche, zum Beispiel die Meere, Dellen oder Hügel." Und nach dieser Vorstellung sieht die Erde im Modell gar nicht mehr so schön rund aus, wie wir es von einem Globus gewohnt sind, sondern tatsächlich ziemlich kartoffelig. In der Fachsprache heißt das „Geoid" und meint eine Bezugsfläche im Schwerefeld der Erde. Die Oberflächen des Geoids sind definiert als die Flächen gleichen Schwerepotentials, quasi ein von der tatsächlichen Erdgestalt abweichender theoretischer Körper, ein physikalisches Modell der Erde. Aber „Potsdamer Kartoffel" klingt eigentlich auch ganz schön.

„Stellen wir uns das bildlich vor, dann sieht es so aus, als hätte die Erdoberfläche, zum Beispiel die Meere, Dellen oder Hügel."

So geht's zu den Schornsteinen:

Das „Haus A 17" befindet sich auf dem Telegrafenberg. An den Schornsteinen erkennt man es sofort.

Joanna Waluszko am Einsteinturm. Genau an dieser Stelle stand im Jahr 1921 Albert Einstein.

45

Einsteinturm

Rotes Licht und singende Pilze

Der Einsteinturm, eines der vielen faszinierenden Bauwerke auf dem Telegrafenberg und ein Mekka für Architekturfans, ist ein Werk von Erich Mendelsohn (1887-1953). In den Jahren 1919 bis 1924 errichtet, entspringt es einer Zusammenarbeit des Architekten mit dem Physiker Albert Einstein (1879-1955) und dem Astronomen Erwin Finlay Freundlich (1885-1964). Eigentlich ist der Turm ein Zweckbau, der dazu dienen sollte, Sonnenaktivitäten zu verstehen. Hier sollte mittels Spektralanalyse die Rotverschiebung im Licht der Sonne nachgewiesen werden. Laut Einsteins Formel $E=mc^2$ (Energie gleich Masse mal Lichtgeschwindigkeit zum Quadrat) haben Lichtteilchen, Photonen genannt, nämlich Masse. Das bedeutet, wenn Licht das Gravitationsfeld der Sonne verlässt, verliert es Energie, wird dadurch langwelliger und verrötet.

Mendelsohn entwarf nicht irgendeinen Turm, sondern er befasste sich mit Einsteins wissenschaftlicher Arbeit, bevor er ihn baute. Der Einsteinturm ist heute Teil des Leibniz-Instituts für Astrophysik Potsdam (AIP). Auf der Seite des Forschungsinstituts steht dazu: „Der Turm stellt also eine der sehr seltenen Verknüpfungen zwischen Wissenschaft und Kunst dar, weil es Mendelsohn gelang, sowohl die Anforderungen der Wissenschaft als auch seine eigenen Vorstellungen zur Formgebung zu erfüllen. Durch die Beschäftigung Mendelsohns mit Einsteins Arbeit wird auch etwas von der aufregenden Entwicklung der modernen Physik in den zwanziger Jahren in dem Gebäude eingefangen." Auch heute befindet sich im von 1997 bis 1999 sanierten Turm eine Sonnenforschungsanlage.

Joanna Waluszko beschäftigt sich mit Vernetzung. In einer vernetzten Welt wie der unseren scheint das nicht weiter verwunderlich, das tun viele, sei es im sozialen oder technischen Bereich. Und in der Natur wurde schon genetzwerkt, als es uns Menschen noch gar nicht gab. Bekanntestes Beispiel sind Pilze. Was wir nicht sehen, wenn wir im Herbst auf die Pirsch nach Steinpilzen gehen, ist das feine, unsichtbare Geflecht, das sich unter dem Pilzkörper befindet. „Das kann riesig sein", sagt Joanna Waluszko, „bis zu einem Quadratkilometer. Eine ganz faszinierende eigene Welt ist das."

Der Einsteinturm ist eines der vielen besonderen Bauwerke auf dem Telegrafenberg.

Was aber geschieht, wenn Kunst und Wissenschaft sich vernetzen? Auf dem Telegrafenberg wird das ausprobiert. Zumindest gelegentlich finden sich Wissenschaftler und Künstler zusammen und bringen zum Beispiel Pilze zum Singen. Wer weiß schon, dass das Pilzmyzel elektronische Impulse aussendet, die in Töne verwandelt werden können, indem man Elektroden daran anschließt? Die so aufgefangenen Biosignale werden mit Messverstärkern in einen für Rechner lesbaren Bereich gebracht. Das klingt technisch, aber am Ende steht die Möglichkeit, hörend und fühlend in eine ganz andere Welt einzutauchen. Das kann zu bewegenden Erlebnissen führen.

Musikerin Waluszko, die im Jahr 2008 als Regieassistentin für eine Aufführung nach Potsdam kam, stellte am ersten Morgen beim Verlassen ihrer Unterkunft fest, dass das der Ort ist, an dem sie leben möchte. Als Vorbilder für ihr Schaffen bezeichnet sie ihre Eltern, die wohlgemerkt nicht Musiker, sondern Ingenieure waren. „Mein Vater arbeitete in einem Tagebau", erzählt die in klassischem Gesang und Klavier ausgebildete Musikerin. „Ich habe schon als Kind die Klänge seiner Werkzeuge und Maschinen auf Tonband aufgenommen."

Kein Wunder, dass die Frau Pilze hörbar macht und sich von Albert Einstein inspiriert fühlt, der selbst sagte, dass Wissenschaftler immer auch Künstler sind. „Am Ende sind alle Welten miteinander verbunden, sichtbare und unsichtbare, laute und leise", meint sie. „Nichts existiert für sich allein. Wissenschaft und Kunst können Unsichtbares sichtbar, erlebbar und vor allem fühlbar machen."

Einstein hat gesagt: „Meine wissenschaftliche Arbeit wird durch ein unwiderstehliches Verlangen vorangetrieben, die Geheimnisse der Natur zu verstehen, und durch nichts sonst." Da würde ihm Musikerin Waluszko sicher zustimmen, sie ergänzt nachdenklich: „Wir müssen nur aufpassen, dass wir uns und die Natur nicht aus Übermut und Dummheit auslöschen, bevor wir deren Geheimnisse verstanden haben."

Der Einsteinturm ist eine Verbindung von Wissenschaft und Kunst und insofern nicht nur ein Sonnenobservatorium, sondern auch ein idealer Aufführungsort für künstlerisch-technische Darbietungen. Auf dem Telegrafenberg ist alles möglich.

So geht's zum Einsteinturm:

Das „Einsteinturm" genannte Sonnenobservatorium befindet sich auf dem Telegrafenberg.

Der Drei-Kirchen-Blick ist zurück, auch wenn keine der drei einstigen Kirchen mehr in ihrer ursprünglichen Form erhalten ist. Hier der Blick vom Platz vor der Nikolaikirche zum Turm der Seniorenresidenz Heilig-Geist-Park.

46

Sichtachsen

Barocke Meister planten eine Stadt

Wer mit Olaf Thiede durch Potsdam geht, lernt im wahrsten Sinne des Wortes neue Blickwinkel kennen. Der Maler und Grafiker hat sich ausgiebig mit dem historischen Grundriss seiner Heimatstadt befasst und teilt bereitwillig sein Wissen. „Potsdam hat in der Zeit von circa 1680 bis 1740 eine erste grundlegende Erweiterung erfahren", erklärt er. „Es war die Zeit des Barock. Die Stadt ist als Gesamtkunstwerk entwickelt worden. Und ein wichtiger Teil des Gestaltungskonzeptes sind die Sichtachsen, die zu den Stadttoren sowie zu den umliegenden Bergen führen."

Eine der beeindruckendsten Impressionen ist sicherlich der „Drei-Kirchen-Blick", der ab dem ersten Drittel des 18. Jahrhunderts die Silhouette der Stadt prägte, eine Ansicht, die vom Brauhausberg erlebbar ist.

Alle drei Kirchen – Nikolaikirche, Heiligengeistkirche und Garnisonkirche – wurden in der Regierungszeit von Friedrich Wilhelm I. (1688-1740), der die erste große Stadterweiterung veranlasste, errichtet. „Sie waren nach holländischem Vorbild mit langen, schlanken Türmen in annähernd gleicher Höhe gebaut worden", beschreibt Olaf Thiede das Aussehen der Potsdamer Kirchenachse zu ihrer Entstehungszeit. „Sie trugen an ihren Spitzen einen goldenen Stern und der Abstand zueinander entspricht dem ästhetischen Verhältnis des *Goldenen Schnitts*, den wir fundamental überall in der Stadtstruktur finden und als ausgewogen und schön empfinden."

Alle drei Kirchen gibt es in ihrer ursprünglichen Form nicht mehr. Da war zuerst die Nikolaikirche, gebaut in den Jahren 1721 bis 1724, die nur wenige Jahrzehnte überdauerte, da sie im Jahr 1795 abbrannte. Mit dem Nachfolgebau als klassizistischem Kuppelbau nach italienischem Vorbild wurde im Jahr 1830 begonnen (siehe Geheimnis 18).

Die Heiligengeistkirche entstand in den Jahren von 1725 bis 1728 genau da, wo einst eine slawische Burgwallanlage stand, die als Ursprung von Potsdam gilt, das im Jahr 993 eine erste urkundliche Erwähnung fand (siehe Geheimnis 28). 1945, in den letzten Kriegstagen, wurde sie bei Kämpfen beschädigt, der Turm brannte ab und dessen Überreste wurden 1974 gesprengt, nachdem um 1960 bereits das Kirchenschiff abgetragen worden war.

Bei den Bombenangriffen der „Nacht von Potsdam" am 14. April 1945 erlitt auch die Garnisonkirche, in den Jahren 1731 bis 1735 als dritte und letzte in der Achse erbaut, schwere Schäden. Der Turm stürzte teilweise ein und das Kirchenschiff brannte aus. Dennoch konnten ab 1950 in der neu geweihten Kapelle der Turmruine wieder Gottesdienste stattfinden. Im Juni 1968 wurde sie jedoch gesprengt – einer von unzähligen Sakralbauten auf dem Gebiet der DDR, der den Plänen einer Neugestaltung der Städte nach sozialistischen Vorgaben zum Opfer fiel. Den markanten „Drei-Kirchen-Blick" der barocken Stadt gab es nun nicht mehr.

„Wenn man die Linie der Kirchenachse noch verlängert, gelangt man zum Schloss Köpenick", erklärt Olaf Thiede und erweitert den Blickwinkel einmal mehr. „Dieser Bau ist in der Zeit des Großen Kurfürsten vom einstigen Jagdschloss zum Barockschloss erweitert worden." Friedrich Wilhelm von Brandenburg (1620-1688) ist der Mann, dem Preußen seinen Aufstieg zu verdanken hat, nicht zuletzt durch das Potsdamer Toleranzedikt von 1675, das aus Frankreich vertriebenen Hugenotten die Einreise und Ansiedlung erlaubte. Das Schloss wurde Sitz des Kronprinzen und späteren Kurfürsten Friedrich III. (1657-1713), der das Fortunaportal am Stadtschloss anlässlich seiner Krönung zum König Friedrich I. im Jahr 1701 bauen ließ. Preußische Geschichte pur: Und das alles auf einer symbolischen Linie mit dem religiösen Dreiklang von „Vater, Sohn und Heiligem Geist". „Sichtachsen", so drückt es Maler und Grafiker Thiede aus, „sind nicht selten auch Bedeutungsachsen."

„Wenn man die Linie der Kirchenachse noch verlängert, gelangt man zum Schloss Köpenick."

Der stete Wandel der Stadt lässt sich an der Potsdamer Kirchenachse besonders eindrucksvoll ablesen – und deren Geschichte ist nun doch noch nicht zu Ende: „Am Standort der alten Heiligengeistkirche gibt es heute eine moderne Einrichtung für Senioren", sagt der Maler, „und dazu gehört ein zwar recht technisch wirkender Turm, der aber die alten Proportionen wiederaufnimmt."

Mit dem Neubau des Turms der Garnisonkirche kehrt der „Drei-Kirchen-Blick" zurück. Auch wenn er dem historischen natürlich nicht genau gleichen wird, so kann doch die Stadtsilhouette ihr markantes Gesicht zurückerhalten.

So geht's zu den Sichtachsen:

Vom Brauhausberg aus ist der Drei-Kirchen-Blick am besten erlebbar.

Die Pforte zur Traumfabrik – damals und heute.

47

Pförtnerhäuser

Zum Film geht's bitte hier entlang!

In Babelsberg lag ab 1912 die deutsche Traumfabrik – das älteste Filmstudio der Welt. Hier drehte die 1917 als Universum Film AG, kurz UFA, gegründete Filmproduktion unvergessliche Werke. Michael Jary (1906-1988) ist oft durch die zwei Pförtnerhäuser auf das Gelände gegangen. Zuerst als unbekannter junger Komponist, den es eher zufällig zum Film verschlagen hatte. Später dann als großer Star.

Tochter Micaela Jary erinnert sich an eine Anekdote, die ihr berühmter Vater ihr einst erzählte. „Als er anfing für die Filmfabrik zu arbeiten, musste er sich jedes Mal beim Pförtner ausweisen", sagt sie. „Der Mann am Einlass konnte oder wollte sich beim besten Willen nicht an den schlaksigen jungen Kerl mit dem dunklen Haar erinnern."

Doch eine Zeitlang später – Evergreens wie *Das kann doch einen Seemann nicht erschüttern* oder *Roter Mohn* pfiffen längst die Spatzen von den Dächern – da habe der Mann die Pforte geöffnet und „Einen schönen guten Tag, Herr Jary!" gesagt. „Das hat meinem Vater viel bedeutet. Jetzt fühlte er sich anerkannt." Doch bis es so weit war, musste der talentierte, 1906 in Oberschlesien als Maximilian Michael Andreas Jarzcyk geborene Musiker, Sohn eines Werkmeisters und einer Schneiderin, auch hin und wieder Rückschläge in Kauf nehmen.

„Eigentlich hatte mein Vater mit Schlagern und Film gar nichts am Hut", erzählt seine Tochter, die gelernte Redakteurin und heute eine erfolgreiche Schriftstellerin ist. „Nach seinem Abitur und dem Besuch des Konservatoriums in Kattowitz erhielt er ein Engagement als Zweiter Kapellmeister in Neiße und Plauen. Doch es zog ihn nach Berlin." Mutig bewarb er sich in der Kompositionsklasse der Staatlichen Akademischen Hochschule für Musik, wurde angenommen und von nicht geringeren Lehrern als Franz Schreker, Paul Hindemith, Arnold Schönberg und Igor Strawinsky unterrichtet. „Das Ab-schlusskonzert, auf das er sich als Dirigent vorbereitet hatte und das ein ganz großer Moment für ihn war, endete dramatisch", berichtet seine Tochter von dem frühen Bruch in der Karriere ihres Vaters. „Es war der 8. Februar 1933, nur wenige Tage zuvor war Hitler Reichskanzler geworden. Da waren Leute vom ‚Kampfbund für deutsche Kultur' im Saal, die störten das Konzert, buhten ihn aus und der Direktor des Stern'schen Konservatoriums diffamierte ihn wenig später als polnischen Juden."

Micaela Jary ist Autorin und einziges Kind des 1988 verstorbenen Komponisten Michael Jary.

Michael Jary tauchte unter und schlug sich mehr oder weniger mittellos durch. Er tourte – perfekt getarnt als Iwan – mit einer russischen Kosakentruppe durch das Land, schrieb Chansons und Swing-Arrangements unter einem Pseudonym und kam schließlich dahin, wo er gar nicht hingewollt hatte: zum Film. „Zuerst arrangierte er Untermalungsmusik, wenig später komponierte er sie, und vom Geheimtipp stieg er bald zum erfolgreichen und gefragten Komponisten auf", sagt die Schriftstellerin. Zusammen mit seinem Freund, dem Textdichter Bruno Balz (1902-1988) schuf er unvergessene Filmschlager für insgesamt 27 Filme, darunter so bekannte wie *Die große Liebe* mit Zarah Leander und *Karneval der Liebe* mit Johannes Heesters.

„Zuerst arrangierte er Untermalungsmusik, wenig später komponierte er sie, und vom Geheimtipp stieg er bald zum erfolgreichen und gefragten Komponisten auf."

Micaela Jary, die als Kind auf den Knien so manchen Schauspielstars geschaukelt wurde, erinnert sich, dass es auch nach dem Krieg mit der Karriere des Vaters hervorragend lief. Er durfte ohne Unterbrechung weiterarbeiten und zog 1948 von Berlin nach Hamburg. „Bei der Real-Film startete er mit Revuefilmen durch und führte nebenbei ein ziemlich aufregendes Leben", sagt sie. „Er war ein absolut positiver Mensch."

Als er 1953 Christiana kennenlernte, Mannequin und wenig später seine Ehefrau, wurde es ruhiger in seinem Leben. Die Geburt der Tochter Micaela komplettierte das Glück. „Er hat einmal gesagt, dass er immer das gemacht hat, was ihm Spaß machte. Er hat gespielt." Und wer seine Melodien kennt, der hört das.

So geht's zu den Pförtnerhäusern:

Die beiden Pförtnerhäuser befinden sich am Eingang zum Gelände des Rundfunks Berlin-Brandenburg (RBB) in der Marlene-Dietrich-Allee.

Bauingenieur Johannes Gräbner vor der Alten Kirche. Gemeinsam mit dem Kirchbauverein Golm e.V. sanierte er den Bau.

48

Alte Kirche

Nicht in Vergessenheit geraten

Die Legende geht so: „Eines Tages war das Kronprinzenpaar Friedrich Wilhelm und Victoria in Golm unterwegs, das heute ein Potsdamer Ortsteil ist. Es fand an jenem Tage eine Hochzeit in der Golmer Kirche statt. Das Wetter ließ zu wünschen übrig, und deshalb schützten sich die Gäste mit Regenschirmen. Aber nicht nur vor der Kirche, auch drinnen! Denn das Dach war dermaßen undicht, dass es hineinregnete. Ihre Majestät, Kronprinzessin Victoria, beschloss sogleich, dass die Golmer eine neue Kirche bräuchten. Was dann auch mit dem Beginn eines Neubaus im Jahr 1883 umgesetzt wurde. Victoria hatte sogar eigenhändig einen

Entwurf angefertigt." Johannes Gräbner, Vorsitzender des 2002 gegründeten Kirchbauvereins Golm, erzählt diese Geschichte ein wenig augenzwinkernd, denn ob es sich nun ganz genau so zugetragen hat, ist nicht klar. Was aber stimmt, ist, dass Friedrich Wilhelm (1831-1888), der als Kaiser Friedrich III. und 99-Tage-Kaiser in die Geschichte einging, und seine britische Frau Victoria (1840-1901) das Protektorat für den Kirchenneubau übernahmen. Am 24. Juli 1886 wurde die neue Kirche in Anwesenheit des Kronprinzenpaars eingeweiht. Nun gab es zwei Gotteshäuser: „Trotz des Neubaus wurde die alte Kirche auf Anordnung des Kronprinzenpaars nicht abgerissen, sondern als Friedhofskapelle weiter genutzt." Ihr desolater Zustand jedoch blieb bestehen und verschlimmerte sich über die Jahrzehnte und Jahrhunderte so sehr, dass das nur rund 60 Quadratmeter messende Kirchlein seit einigen Jahren nicht mehr betreten werden darf.

Vom Zahn der Zeit angeriffen: Die alte Kirche in Golm ist dringend sanierungsbedürftig.

Aber Potsdam ist nun mal die Stadt der entschlossenen Gebäuderetter. Und so hat sich der Kirchbauverein neben den Arbeiten an der neueren Kaiser-Friedrich-Kirche, die immer mal wieder einiges an Sanierung benötigt, auch die Rettung der alten Kirche auf die Fahnen geschrieben. Lohnenswert ist das allemal, denn wir haben es hier mit einem sehr alten Bauwerk zu tun. „Die erste Bauphase ist vor der Reformation datiert", erklärt Gräbner. „Ein ganz besonderer Schatz wurde bei Bauarbeiten gehoben – eine Grabplatte, die sich vor dem Altar im Boden befand und nun in der neuen Kirche zu besichtigen ist." Da sie im Boden verborgen war, ist sie im besten Erhaltungszustand: Der spätgotische Grabstein des Ehepaars Claus von Schönow (gest. 1449) und seiner Gemahlin Margarete, geb. von der Gröben (gest. 1469), deren Familien das kleine Dorf über Jahrhunderte gehörte, stammt aus der Mitte des 15. Jahrhunderts.

Es verwundert nicht, dass im Lauf der Geschichte vielfältige Um- und Anbauten stattfanden. Im Jahr 1777 klagte Pfarrer Christian Friedrich Krusemark in einem Briefwechsel: „Die ganze Kirche ist schon sehr alt [...]. Und sie ist überaus schlecht gebaut." Es gab immer wieder Probleme mit dem Dach und eindringendem Regenwasser. Im Jahr 1878 teilte Bauinspektor Emil Gette mit, mehr oder weniger die ganze Kirche sei baufällig und eine Reparatur lohne sich nicht – woraufhin die neue Kirche geplant und gebaut wurde. Dass das marode Kirchlein trotzdem noch steht, wirkt fast wie ein Wunder.

Wenn es nach Johannes Gräbner und seinen Mitstreitern im Kirchbauverein geht, wird die alte Kirche schon bald in neuem Glanz erstrahlen. „Wir bringen sie in einen Zustand, in dem sie mindestens weitere einhundert Jahre Bestand hat." Dazu sind umfangreiche Planungen in Gange: Hölzer werden erneuert, das Dach neu gedeckt, das Mauerwerk ausgebessert und der Außenputz entfernt. Ein vielfältig nutzbares Begegnungshaus soll hier entstehen. Ein Kirchenbesuch in Golm wird sich künftig also doppelt lohnen.

„Wir bringen die alte Kirche in einen Zustand, in dem sie mindestens weitere einhundert Jahre Bestand hat."

Die Tauben, die sich manchmal vom Turm kommend durch das marode Dach in den Kirchenraum verirren, müssen sich wohl künftig einen anderen Platz suchen, aber im ländlichen Golm mit seinem grünen Umfeld sollte es dazu reichlich Möglichkeiten geben. Nur der Turm der neuen Kirche ist schon besetzt, den haben die Dohlen für sich erobert, die abends in den majestätischen alten Bäumen hocken und schnattern.

So geht's zur alten Kirche:

Das Kirchlein befindet sich im Ortsteil Golm an der Reiherbergstraße.

Eigentümliche Mischung: Ein Mädchen mit Pioniertuch an einer Barockfassade.

49

Pioniertuch

Auferstanden aus Ruinen

Man muss nicht DDR-sozialisiert sein, um ein Pioniertuch zu erkennen. Das dreieckige blaue oder rote Tuch, das, zum sogenannten Pionierknoten gebunden, um den Hals gelegt wurde, hat es gesamtdeutsch zu einer gewissen Bekanntheit geschafft. Aber warum guckt ein mit einem Pionierhalstuch versehener Mädchenkopf in der Yorckstraße ausgerechnet von einer barocken Fassade? Sind da die Jahrhunderte durcheinander geraten? Robert Leichsenring weiß warum Barock und Sozialismus hier – baulich betrachtet – eine Allianz eingegangen sind.

„Das Haus mit dem Mädchenkopf über der Eingangstür steht exemplarisch für ein ganzes Quartier, das zeigt, wie es gelang, das zerstörte Gesicht der barocken Altstadt wiederherzustellen und dabei den Spagat zu schaffen, zwischen dem Wiederaufbau und Erhalt der historischen Fassaden und den Wohnraum-Bedürfnissen der neuen

Zeit", erklärt der Stadtführer. Um zu verstehen, wie es dazu kam, muss er etwas weiter ausholen.

In den Jahren seiner Herrschaft ließ Friedrich II. (1712-1786) die Stadt, die bereits unter seinem Vater eine erhebliche Erweiterung erfahren hatte, ein weiteres Mal vergrößern und verändern. Als der König im Jahr 1786 starb, hinterließ er ganze Straßenzüge voller mit prächtigen Fassaden versehenen Bürgerhäuser. Die Gegend um den Stadtkanal, so die Yorck- und Hoditzstraße – heute Wilhelm-Staab-Straße – gehörten dazu. „Man kann sagen, dass Potsdams Grundriss vom Beginn des 19. Jahrhunderts an, als die zweite Stadterweiterung abgeschlossen war, bis zum Jahr 1945 bestehen blieb", erklärt Robert Leichsenring. „An den Häusern selbst wurde noch gearbeitet, zum Beispiel wurden viele von ihnen aufgestockt. Die Zerstörungen durch den Zweiten Weltkrieg und die städtebaulichen Entscheidungen der Nachkriegszeit ab 1957 zogen jedoch gravierende Veränderungen nach sich."

Robert Leichsenring erklärt den sorgsamen Wiederaufbau des Ensembles am Stadtkanal.

Vor dem Krieg gab es ganze 793 als historisch wertvoll registrierte Häuser allein in der Innenstadt. Nach 1945 existierten nur noch 378. Es sollte Jahrzehnte dauern, bis von den Trümmern und Ruinen nichts mehr zu sehen war, und es waren nicht immer weise Entscheidungen, die dazu führten.

„Dass es rund um den Stadtkanal so aussieht, als würden wir durch ein barockes Stadtquartier laufen, ist einem gleichermaßen engagierten wie behutsamen Neuaufbau zu verdanken", sagt der Stadtführer. „Die Planungen dazu begannen ab

1950 in der noch ganz jungen DDR, noch bevor es ab 1957 schrittweise zu einem Umbruch in der Baupolitik kam und man nach und nach zur Großblockbauweise überging." Auch bekannt als Plattenbau. Basierend auf dem Beschluss Walter Ulbrichts (1893-1973) auf dem 33. Plenum des Zentralkomitees der SED im Oktober 1957, dass Ruinen abgerissen werden sollten, folgten nicht nur in Potsdam harte städtebauliche Konsequenzen. In der Folge wurden viele Bauten, die noch hätten gerettet werden können, dem Erdboden gleichgemacht.

Doch bevor es dazu kam – die Alte Post, der Plögersche Gasthof und nicht zuletzt das Stadtschloss, um nur einige Beispiele zu nennen, fielen dem Abriss zum Opfer – konnten auch Baudenkmale gerettet und wiederaufgebaut oder nach historischem Vorbild sorgsam neu errichtet werden. Der Potsdamer Denkmalpfleger Friedrich Mielke (1921-2018) nannte es den „goldenen Mittelweg", der „gibt nichts auf, was nicht ohnehin schon gänzlich verloren ist, und [...] füllt die Lücken durch respektvolle Bezugnahme auf das Vorhandene, noch Erhaltene". Weiter erklärt er in einem 1956 erschienenen Aufsatz: „Ehrlichkeit und Anstand sind es, die das Fundament bilden, auf dem die Bauten der verschiedenen Epochen nebeneinander bestehen können." Und genau so wurde es gemacht: aus- und aufgebaut, wo es noch möglich war, neugebaut mit teilweise frei erdachter, aber passender Fassade, dazu ein harmonisches Farbkonzept. So respektvoll und so gelungen, dass nur ein Mädchenkopf mit dem Kennzeichen der DDR-Pionierorganisation darauf hinweist, dass wir uns nicht im originalen barocken Umfeld befinden und dass dieser Wiederaufbau zu DDR-Zeiten stattfand.

So geht's zum Pioniertuch:

Der Mädchenkopf mit Pioniertuch hängt über dem Eingang des Hauses Yorckstraße 13.

Potsda
Hbf

50

Buchstaben am Stellwerk

Bahnhof wechsel dich

Ein paar Buchstaben am verlassenen Stellwerk des Bahnhofs Pirschheide erzählen nicht nur Eisenbahngeschichte, sondern haben auch eine Menge mit der deutschen Teilung zu tun. Christine Rührmund und Holger Schmidtke erinnern sich noch gut daran, wie es vor Jahrzehnten hier aussah – und haben ihre ganz eigene Perspektive darauf. Beide sind als Kinder von Reichsbahnangestellten aufgewachsen – jedoch sie in West-Berlin und er in der DDR.

Die Geschichte der Eisenbahn in Deutschland ist spannend und schon beinahe 200 Jahre alt. Die erste Dampflok schnaufte bereits im Jahr 1835 über die Schienen, allerdings von Nürnberg nach Fürth. Von da an schritt die Entwicklung des neuen Verkehrsmittels rasant voran. Im August 1846 wurde die Bahnstrecke Magdeburg-Berlin in Betrieb genommen, das Teilstück Berlin-Potsdam existierte bereits seit 1838. Dass es immer wieder Veränderungen und Modernisierungen gab, versteht sich von selbst, bildete die Bahn doch den wachsenden technischen Fortschritt ab.

Rund um Potsdam spielte allerdings auch die Weltpolitik eine entscheidende Rolle. Es braucht etwas Konzentration und am besten einen alten Streckenplan, um zu verstehen, wie sich das Bahnnetz in den Jahren nach dem Zweiten Weltkrieg verändert hat. „Das hängt alles mit der Teilung Deutschlands zusammen“, sagt Pfarrer Holger Schmidtke, der sich noch gut an den Verlauf einiger Bahnstrecken zu DDR- Zeiten erinnern kann. „Wenn man zum Beispiel heute den belebten Potsdamer Hauptbahnhof sieht, kommt man gar nicht auf die Idee, dass der damals kaum eine Bedeutung hatte.

„Wenn man zum Beispiel heute den belebten Potsdamer Hauptbahnhof sieht, kommt man gar nicht auf die Idee, dass der damals kaum eine Bedeutung hatte.“

Christine Rührmund und Holger Schmidtke erinnern sich daran, wie der Bahnhof vor vielen Jahren aussah.

Ich wusste nicht einmal, dass es diesen Bahnhof überhaupt gibt." Und natürlich hieß er auch nicht Hauptbahnhof, sondern „Potsdam Stadt". Dort, wo heute Züge und S-Bahnen aus Berlin kommend halten, war von 1961 bis 1989 die innerdeutsche Grenze nicht weit und somit für DDR-Bürger die Welt zu Ende. Rund vier Kilometer entfernt, in Griebnitzsee, wurden Fernzüge von Grenzsoldaten mit Hunden durchsucht, bevor sie nach West-Berlin weiterrollen durften. Die S-Bahn fuhr an den Nahtstellen von Ost- und West-Berlin gar nicht mehr. Die bis zu diesem Zeitpunkt existierenden Strecken waren in der Nacht des 13. August 1961 urplötzlich unterbrochen und in der Folge zugemauert worden. Von einem Moment auf den nächsten entstanden sogenannte „Geisterbahnhöfe", in denen keine Züge mehr hielten.

Der einstige Verkehrsknotenpunkt verfällt zusehends.

Potsdam hatte aber auch zu DDR-Zeiten einen Hauptbahnhof. Der liegt südwestlich recht weit ab vom Stadtzentrum, wurde 1958 als „Potsdam-Süd" eröffnet und 1960 in „Hauptbahnhof" umbenannt. Dort ist Schmidtke als junger Abiturient auf dem Weg nach Hermannswerder umgestiegen, wenn er von einem Besuch bei seinen Eltern kam. Wer sich heute dort umguckt, braucht eine Menge Fantasie, um sich vorzustellen, dass hier mal das Leben pulsierte. Doch die Buchstaben am Gebäude des alten Stellwerks – auch wenn da nur noch *Potsda Hbf* steht – lügen nicht. „Der Bahnhof war damals für mich so eine Art Tor zur Welt", erinnert sich Schmidtke. „Es gab die Bahnhofshalle mit Fahrkartenschaltern und Gastronomie. Und als Haltestelle des Berliner Außenrings war das ein Verkehrsknotenpunkt. Unter anderem ging es von hier aus auch weiter zum Flughafen Schönefeld."

Christine Rührmund hat den Bahnhof aus ganz anderer Perspektive kennengelernt. Als Tochter in West-Berlin lebender Reichsbahnangestellter hatte sie eine enge Anbindung an Ost-Berlin, denn die Situation der Bahn in West-Berlin war einzigartig. Der Betrieb samt seinen 300 Kilometern Schienenwegen gehörte nämlich der DDR.

„Viele Mitarbeiter, Abfertigungspersonal auf den Bahnhöfen, Fernmeldehandwerker wie mein Vater und Kantinenpersonal lebten und arbeiteten in West-Berlin", erzählt Christine Rührmund. „Sie wurden in D-Mark bezahlt, waren aber Angestellte eines DDR-Betriebs." Was eine ganze Menge Auswirkungen auf das Leben der Familien hatte, so auch bei Christine Rührmund. „Als Reichsbahnerkind aus dem Westen musste ich, wenn ich mal krank war, in die Poliklinik am Schöneberger Ufer." Das Haus gehörte der Reichsbahn, stand aber auf West-Berliner Territorium. Die dort arbeitenden Mediziner kamen aus dem Osten, jeweils ein Arzt pro Fachrichtung. „Somit hatte ich keine Möglichkeit, einen anderen Arzt zu wählen, also zum Beispiel einen, der aus Westberlin kam und in der Nähe unserer Wohnung in Halensee praktizierte. Verschriebene Medikamente kamen ausschließlich aus der DDR. Operationen und stationäre Aufnahmen erfolgten in der Charité in Ostberlin."

„Viele Mitarbeiter lebten und arbeiteten in West-Berlin. Sie wurden in D-Mark bezahlt, waren aber Angestellte eines DDR-Betriebs."

Auch Reisen führten die im Westen lebende Christine Rührmund gelegentlich in die DDR. „Ich war in Ahlbeck/Heringsdorf und in Ehrenfriedersdorf im Ferienlager", erinnert die Wahl-Potsdamerin sich. „In einem von beiden trat ich den Jungpionieren bei, bekam ein Tuch geschenkt und lernte den Pionierknoten. Verstanden hatte ich das alles nicht. Es war 1971 und 1972 und ich war gerade mal acht beziehungsweise neun Jahre alt." Drei Wochen kosteten „all inklusive" 20 Mark. „Wir hatten sehr wenig Geld. Meine Eltern arbeiteten viel, und jede günstige Möglichkeit, ihr Kind, also mich, irgendwo unterzubringen, wurde willkommen geheißen. Ob ich wollte oder nicht, dazu wurde ich nicht gefragt. Die Alternative wäre auch nicht so prickelnd gewesen: alleine in den Ferien zu Hause zu bleiben. Im Nachhinein wurde mir klar, dass ich wohl das einzige Kind war, welches aus dem Westen kam und an den Reisen teilnahm. Denn am Ende der Ferien wurde mir gesagt, dass ich die anderen Kinder nicht mehr wiedersehen darf, was mich damals sehr traurig machte."

Als Kind hat Christine Rührmund nicht nachvollziehen können, dass sie quasi in zwei Welten lebte, die eigentlich streng getrennt waren. Die daraus resultierenden Schwierigkeiten konnte sie aber fühlen. „Es war damals ziemlich verpönt, als West-Berliner so viel mit dem Osten zu tun zu haben", erinnert sie sich. „Insofern wurde ich immer dazu angehalten, nichts über den Beruf meiner Eltern, meine Reisen und so weiter zu erzählen." Den Hintergrund bildete die spannungsgeladene Situation. Willy Brandt (1913-1992) damaliger Bürgermeister von West-Berlin, hatte nämlich am 16. August 1961, drei Tage nach Beginn des Mauerbaus, zu einem Boykott aufgerufen: „Es ist unzumutbar, dass die Westgeldeinnahmen der S-Bahn für den Einkauf des Stacheldrahtes verwendet werden." So kam es, dass die der DDR gehörenden S-Bahn-Züge von den Bewohnern West-Berlins gemieden wurden, über Jahrzehnte dort fast leer fuhren und viele Bahnhöfe sich in beklagenswertem Zustand befanden.

„Es war damals ziemlich verpönt, als West-Berliner so viel mit dem Osten zu tun zu haben. Insofern wurde ich immer dazu angehalten, nichts über den Beruf meiner Eltern, meine Reisen und so weiter zu erzählen."

„Wenn wir mal rausfuhren, um Potsdam zu besuchen, waren wir sehr lange unterwegs, bevor wir am damaligen Hauptbahnhof ankamen", erinnert sich Christine Rührmund. „Mir kam das als Kind wie eine Ewigkeit vor, denn wir mussten ja von West-Berlin kommend über den Außenring fahren und das dauerte." Der 125 Kilometer lange Berliner Außenring wurde ab 1950 von der DDR gebaut, um West-Berlin umfahren zu können. Für Reisende aus West-Berlin war es eine Prozedur. Christine Rührmund erinnert sich: „Cirka eine gute Stunde brauchten wir von Zuhause bis Bahnhof Friedrichstraße, dort zu Fuß durch die Grenzkontrollen, das dauerte auch immer und war sehr speziell, weiter mit der S-Bahn bis Ostkreuz, über Schönefeld bis Potsdam Hbf. Dann weiter mit der Tram bis Sanssouci beziehungsweise Innenstadt. Ich schätze, drei Stunden ist nicht übertrieben."

Nach dem Fall der Mauer wurde in Potsdam einmal mehr „Bahnhof wechsel dich" gespielt. Der recht weit vom Stadtzentrum entfernt gelegene Potsdamer Hauptbahnhof verlor ab 1989 seine Bedeutung, da der Personenverkehr wieder durch Berlin und Potsdam hindurchgeführt werden konnte. Ab 1991 fuhren die Züge nach Magdeburg, mit Halt in Potsdam, wie einst über Wannsee und mussten nicht mehr den Umweg über den Außenring nehmen. Auch die S-Bahn verkehrte ab 1992 wieder wie vor dem Mauerbau – von Wannsee nach Potsdam mit Halt in Griebnitzsee und Babelsberg.

Seit 1993 heißt der ehemalige Hauptbahnhof „Pirschheide", und wie es die Geschichte so will, sieht er nun wie ein Geisterbahnhof aus: Nur ein einziges Gleis dient heute noch zum Ein- und Aussteigen. Die oberen Bahnsteige sind stillgelegt, die Treppenaufgänge zugemauert und beschmiert. Gelegentlich rauscht ein Güterzug durch, aber ein Stellwerk braucht es hier längst nicht mehr. Mal sehen, wie lange die Buchstaben dem Zahn der Zeit noch trotzen.

So geht's zu den Buchstaben am Stellwerk:

Die Buchstaben befinden sich am ehemaligen Stellwerk des Bahnhofs „Pirschheide", Zum Bahnhof Pirschheide.

Quellen, Literatur, Bildnachweis

Adlung, Günter: „Von den USA über Potsdam an die Elbe". In: Magdeburger Volksstimme vom 29.07.2019. URL: https://hasomed.de/wp-content/uploads/2020/01/Volksstimme_-_Magdeburg_-_2019-07-29_print.pdf. Abgerufen am 04.05.2021.

Ambrosius, Sabine: Kulturerben in Potsdam. Hrsg: Landeshauptstadt Potsdam. Potsdam 2018, S. 68.

ARD Audiothek: „Die Rosenkreuzer – Legende und Wirklichkeit eines Geheimbundes". URL: https://beta.ardaudiothek.de/wissen/die-rosenkreuzer-legende-und-wirklichkeit-eines-geheimbundes/54114962. Abgerufen am 20.03.2021.

Aurich, Rolf; Jacobsen, Wolfgang (Hrsg.): Libertas Schulze-Boysen. Filmpublizistin. Film & Schrift, Band 7, München 2008.

Bauer, Frank; Knitter, Hartmut; Ruppert, Heinz: Vernichtet - Vergessen - Verdrängt. Militärbauten und militärische Denkmäler in Potsdam. Berlin/ Bonn/Herford 1993, S. 37-39, 135 f., 156.

Beschorner, Ralf: Privates Archiv.

Blasius, Rainer: „Libertas Schulze-Boysen. Ein Weihnachtsengel vor der Hinrichtung". In: faz-net. URL: https://www.faz.net/aktuell/gesellschaft/menschen/libertas-schulze-boysen-ein-weihnachtsengel-vor-der-hinrichtung-12000641-p4.html. Abgerufen am 18.03.2021.

Chronik der Nikolai-Kirchengemeinde (1824-1981 und ab 2005).

Coppi, Hans: Harro Schulze-Boysen – Wege in den Widerstand. Koblenz 1993.

DEFA-Stiftung: Filmdatenbank. URL: Filmdatenbank, ps://www.defa-stiftung.de/filme/filmsuche/potsdam-baut-auf/. Abgerufen am 31.03.2021.

Denkmalliste des Landes Brandenburg Stadt Potsdam, Stand: 31.12.2020. URL: https://bldam-brandenburg.de/wp-content/uploads/2021/03/04-P-Internet-20.pdf. Abgerufen am 02.06.2021.

Denkmalpflege-Verein Nahverkehr Berlin e.V.: 100 Jahre Straßenbahn – von Potsdam nach Nowawes/Babelsberg. Berlin 2014, S. 8 ff.

Deutsche Gesellschaft für Volksbäder in Berlin: Das Volksbad. Seine Errichtung und sein Betrieb. 1919, S. 49-50.

Deutsche Stiftung Denkmalschutz: „Observatorien Telegrafenberg". URL: https://www.denkmalschutz.de/denkmal/helmert-turm.html. Abgerufen am 12.06.2021.

Deutschlandfunk: „Bier statt Kaffee". URL: https://www.deutschlandfunk.de/bier-statt-kaffee.871.de.html?dram:article_id=125397. Abgerufen am 15.05.2021.

Drenhaus-Lemgo, Susanne: „Bornstedter Friedhofsgeschichten". In: Nordlicht, Gemeindeblatt der Region Nord des Kirchenkreises Potsdam 4/5. Potsdam 2021, S. 38 f.

Drenhaus-Lemgo, Susanne: Privates Archiv.

Dümcke, Dietrich: „Behlertstr. 29 – ein Denkmal der Industriegeschichte in Potsdam". In: Studiengemeinschaft Sanssouci e.V., Mitteilungen, 25. Jahrgang. Potsdam 2020, S. 132-154.

Fienhold Sheen, Susanne: Privates Archiv.

Förderverein des Ev. Gymnasiums

Hermannswerder e.V.: Almanach 2020. Potsdam 2020.

Förderverein Klein-Glienicker Kapelle e.V. (Hrsg.): Klein Glienicker Kapelle – Festschrift zur Wiedereinweihung und

Orgelweihe. Potsdam 1999.

Frauenpolitischer Rat Land Brandenburg e.V.: „Anne Marie Baral“. In: FrauenOrte. URL: http://www.frauenorte-brandenburg.de/index.php?article_id=81. Abgerufen am 19.03.2021.

Frauenpolitischer Rat Land Brandenburg e.V.: „Käthe Pietschker“. In: FrauenOrte. URL: http://www.frauenorte-brandenburg.de/index.php?article_id=109. Abgerufen am 19.03.2021.

Freundeskreis Klein-Glienicker Kapelle: Webseite. URL: http://www.klein-glienicker-kapelle.de/geschichte-wiederaufbau/. Abgerufen am 03.03.2021.

Garnisonkirche Potsdam.de: „Wiederaufbau Garnisonkirche Potsdam“. Geschichte. URL: https://garnisonkirche-potsdam.de/das-projekt/geschichte/. Abgerufen am 24.05.2021.

geo.de: „Wo liegt der Mittelpunkt der EU?“ URL: https://www.geo.de/reisen/reisewissen/23216-rtkl-geografie-wo-liegt-der-mittelpunkt-der-eu. Abgerufen am 04.05.2021.

GFZ Potsdam.de: „Säulenforum. Geoforschungszentrum“. URL: http://bib.gfz-potsdam.de/images/rundgang_tberg_2a.pdf. Abgerufen am 05.06.2021.

Grenze-Potsdam.de: Achtung Grenze, das Sperrgebiet der DDR in Potsdam 1961-1989. URL. https://www.grenze-potsdam.de. Abgerufen am 07.07.2021.

Grittner, Wolfgang: „Heveller Historie – Als Theodor Fontane nach Marquardt kam“. Heveller - Heimatmagazin für den Norden von Potsdam und Umgebung, 11. Jahrgang, Nr. 119. Potsdam, September 2019, S. 1-4.

Grittner, Wolfgang: Mit Theodor Fontane durch die Geschichte von Marquardt. Potsdam 2019, S. 38-41.

Hammer, Klaus: „Das Bild ist der Vollzug des Gedankens“. In: Literaturkritik.de. URL: https://literaturkritik.de/ottinger-magritte-der-verrat-der-bilder-das-bild-ist-der-vollzug-des-gedankens,23145.html. Abgerufen am 09.04.2021.

Havelland: „Zichorienmühle in der Schiffbauergasse“. URL: https://das-havelland.de/kultur/historische-baudenkmaeler/historische-baudenkmaeler/anbieter/zichorienmuehle-in-der-schiffbauergasse/. Abgerufen am 15.05.2021.

Heller, Gisela: Potsdamer Geschichten. Berlin 1984, S. 298-307.

Helmholtz-Zentrum Potsdam: „Geoid - Die Potsdamer Schwerekartoffel“. URL: https://www.gfz-potsdam.de/medien-und-kommunikation/infothek/mediathek/bilder/geoid-die-potsdamer-schwerekartoffel/. Abgerufen am 30.06.2021.

Hoffbauer-Stiftung: Homepage. URL: https://www.hoffbauer-stiftung.de/ueber-uns/wer-wir-sind/geschichte.html. Abgerufen am 09.02.2021.

Horn, Gabriele: Geschichte der Meierei Potsdam. URL: https://www.meierei-potsdam.de/geschichte/. Abgerufen am 24.06.2021.

Jakobs, Jann: „Kunstwerke in der Potsdamer Innenstadt“. Schermer, Dirk A. URL: https://www.potsdam.de/kunstwerke-der-potsdamer-innenstadt. Abgerufen am 14.05.2021.

Jary, Micaela: Ich weiß, es wird einmal ein Wunder gescheh'n – Das Leben der Zarah Leander. Berlin 2001, S. 20-53.

Kaupp, Peter: „Ludwig Wilhelm (Louis) Dortu (1794 – 1858)“. In: Französisch-reformierte Gemeinde in Potsdam. URL: http://www.reformiert-potsdam.de/FrP-Reformierte-Ludwig%20Dortu.htm. Abgerufen am 31.03.2021.

KEK, Koordinierungsstelle für die Erhaltung des schriftlichen Kulturguts: „Film ab!“ URL: https://www.kek-spk.de/projekt/film-ab. Abgerufen am 14.05.2021.

Kitschke, Andreas: „Die Kirchen der Potsdamer Kulturlandschaft“. Berlin 2017, S. 122 f., 217-220.

Kitschke, Andreas: Privates Archiv.

Kitschke, Andreas; Zajonz, Michael: „Winzerberg Potsdam“. Stiftung Preußische Schlösser und Gärten Berlin Brandenburg (Hrsg.). Berlin/München 2013, S. 5-26.

Klusemann, Christian (Hrsg.): Das andere Potsdam. Berlin 2016, S. 31-37.

Köhler, Ivo: Stadtverkehr Potsdam. Hrsg: PRO BAHN Regionalverband Potsdam – Mittelmark. Berlin 1994, S. 47-71.

König, Susanne: „Fritz Eisels Mosaik *Der Mensch bezwingt den Kosmos* am Rechenzentrum in Potsdam“. In: Zeitschrift für Kunstgeschichte, Heft 1. Berlin 2020, S. 91 ff.

Kujau, Ariane: „Der Helmert-Turm braucht Hilfe“. In: GFZ, Helmholtz-Zentrum Potsdam. URL: https://www.gfz-potsdam.de/medien-kommunikation/meldungen/detailansicht/article/bericht-der-helmert-turm-braucht-hilfe/. Abgerufen am 12.06.2021.

Landtag Brandenburg: Kunst am Bau. URL: https://www.landtag.brandenburg.de/de/service/ihr_besuch_im_landtag/ueber_das_landtagsgebaeude/kunst_am_bau/657721. Abgerufen am 09.04.2021.

Leibniz-Institut für Astrophysik Potsdam: „Einsteinturm“. URL: https://www.aip.de/de/institute/locations/einstein-tower/. Abgerufen am 03.07.2021.

Leichsenring, Robert: Pivates Archiv.

LEMO: „Die Revolution von 1848/49“. URL: https://www.dhm.de/lemo/kapitel/vormaerz-und-revolution/revolution-1848.html. Abgerufen am 02.04.2021.

Leschonksi, Antje (Hrsg.): Anna, Lily und Regine – Frauenportraits aus Brandenburg-Preußen. Berlin-Brandenburg 2012, S. 52-57.

Märkische Allgemeine Zeitung, 06.02.2013: Geisterstunde in der Blauen Grotte.URL: https://www.maz-online.de/Lokales/Potsdam/Geisterstunde-in-der-Blauen-Grotte. Abgerufen am 20.03.2021.

Manajew, Georgi: „Lange Kerls: Riesige Russen in der preußischen Armee“. URL: https://de.rbth.com/geschichte/84193-lange-kerls-riesige-russen-preussen. Abgerufen am 26.04.2021.

Mielke, Friedrich: „Der Wiederaufbau Potsdams und die Wilhelm-Staab-Straße“. Märkische Heimat, Heft 4. Potsdam 1956, S. 6-8.

Neues Deutschland vom 29.7.1967. URL: https://www.nd-archiv.de/ausgabe/1967-07-29. Abgerufen am 27.04.2021.

NHV Theophrastus: „Wegwarte - heilend, schmackhaft & bienenfreundlich“. URL: https://nhv theophrastus.de/site/index.php?option=com_content&view=article&id=281:wegwarte-heilend-schmackhaft-a-bienenfreundlich-11075-zeichen&catid=103:wegwarte-cichorium-intybus&Itemid=76. Abgerufen am 15.05.2021.

Oestreich, Gerhard: „Friedrich Wilhelm I.“ In: NDB 5, 1961, S. 540-545. URL: https://www.deutsche-biographie.de/pnd118535978.html. Abgerufen am 26.04.2021.

Ohropax.de: „Die Geschichte unserer Geschichte“. URL: https://www.ohropax.de/ueber-ohropax/historie. Abgerufen am 13.05.2021.

Ossing, Franz: „Schwere in Potsdam und eine gravitätische Christbaumkugel“. In: GFZ Helmholtz-Zentrum Potsdam. URL: https://idw-online.de/de/news349769?print=1&id=349769. Abgerufen am 30.06.2021.

Ossing, Franz: „… und der Pendelsaal – Die Schatzkammer des Telegrafenbergs ist fertig". In: GeoForschungsZeitung. Potsdam 04/2012, S. 10.

Ottostadt Magdeburg: „Der Kaiser". URL: https://www.magdeburg.de/Start/Bürger-Stadt/Stadt/Ottostadt/Otto-stellt-sich-vor/Der-Kaiser-/. Abgerufen am 02.06.2021.

Paul, Annette: „Neidkopf". Rede und Performance. URL: https://vimeo.com/509384417. Abgerufen am 13.05.2021.

Petersson, Niels P.: „König Chulalongkorns Europareise 1897. Europäischer Imperialismus, symbolische Politik und monarchisch-bürokratische Modernisierung". In: Saeculum, Ausgabe 52, 2001, S. 297 ff.

Potsdam.de: Wissenschaft – Bildung: „GeoForschungsZentrum". URL: https://www.potsdam.de/content/geoforschungszentrum. Abgerufen am 05.06.2021.

Potsdam-Museum: „Das chinesische Haus in Sanssouci". URL: https://brandenburg.museum-digital.de/index.php?t=objekt&oges=5194. Abgerufen am 04.08.2021.

Potsdam Museum: „Triumphtor am Winzerberg". URL: https://brandenburg.museum-digital.de/index.php?t=objekt&oges=5215. Abgerufen am 13.06.2021.

Potsdamer Neueste Nachrichten: „Stadt von Samt und Seide". In: PNN vom 07.03.2005. URL: https://www.pnn.de/potsdam/stadt-von-samt-und-seide/22290718.html. Abgerufen am 19.03.2021.

Potsdam Wildpark e.V. URL: https://potsdam-wildpark.de. Abgerufen am 02.06.2021.

Preussenchronik.de: „Seidenbau". URL: https://www.preussenchronik.de/begriff_jsp/key=begriff_seidenbau.html. Abgerufen am 19.03.2021.

RBB Preußen-Chronik: „21. Januar 1781. Königliche Kaffeeriecher …". URL: https://www.preussenchronik.de/ereignis_jsp/key=chronologie_003990.html. Abgerufen am 15.05.2021.

Sälter, Gerhard; Schaller, Tina (Hrsg.): Grenz- und Geisterbahnhöfe im geteilten Berlin: Begleitband zur Ausstellung im Berliner Nordbahnhof. Berlin 2017, S. 58.

S-Bahn Berlin: Wiedervereinigung auf der Strecke. URL: https://sbahn.berlin/aktuelles/artikel/wiedervereinigung-auf-der-strecke/. Abgerufen am 21.04.2021.

Schlenke, Manfred (Hrsg.): Preußen-Ploetz. Eine historische Bilanz in Daten und Deutungen. Freiburg/Würzburg 1983, S. 167, 169.

Schmelz, Prof. Dr. Ulrich: „Fremde in Potsdam – zur Rolle der Ausländer in der Geschichte der Stadt". URL: https://www.potsdam.de/content/fremde-potsdam-zur-rolle-der-auslaender-der-geschichte-der-stadt. Abgerufen am 02.06.2021.

Schnee, Philipp: „Einsteinturm in Potsdam. Ein Star unter den Wissenschaftsbauwerken". In: Deutschlandfunk Kultur. URL: https://www.deutschlandfunkkultur.de/einsteinturm-in-potsdam-ein-star-unter-den.976.de.html?dram:article_id=337940. Abgerufen am 06.07.2021.

Schubert, Thomas: Privates Archiv.

Seewald, Berthold: „Die schwierige Suche nach der Urheimat der Slawen". In: Welt Geschichte. URL: https://www.welt.de/geschichte/article170502875/Die-schwierige-Suche-nach-der-Urheimat-der-Slawen.html. Abgerufen am 02.06.2021.

Seidel, Siegfried: „Vom ‚Verstärkeramt 4' zur Richtfunkübertragungsstelle Potsdam-Wildpark". In: Kultur in Golm, Potsdam 2013, S. 1-5.

Solkowski, Jürgen: Privates Archiv.

Spanier, Felix: „Der Einfluss des Sonnenwindes auf die Erde“. In: Welt der Physik. URL: https://www.weltderphysik.de/gebiet/erde/erde/sonnenwind/. Abgerufen am 13.06.2021.

Stadtverwaltung Potsdam (Hrsg.), Amt für Denkmalpflege: „Potsdam, Denkmalschutz und Denkmalpflege“. Merseburg 2006, S.42.

Steuben, Henning von; Hogendorf, Frank: General Friedrich Wilhelm von Steuben. URL: http://www.steuben.de/x%20steuben_alt/usgeneral.html. Abgerufen am 16.05.2021.

SWER Zeitwort - 22.20.1907: „Der Apotheker M. Negwer verkauft Ohrstöpsel“. URL: https://www.ardaudiothek.de/zeitwort/22-10-1907-der-apotheker-m-negwer-verkauft-ohrstoepsel/68119528. Abgerufen am 13.05.2021.

TAZ: „Geschmähte Erinnerung?“ URL: https://taz.de/Prora---KdF-Bad-und-DDR-Zwangskaserne/!5134984/. Abgerufen am 18.05.2021.

Thiede, Olaf: Potsdam im Blick - Barocke Sichtbeziehungen der Potsdamer Innenstadt. Potsdam 2018, S. 40-42, 86-89.

Toussaint, Jeanette: Komm mit ins Kino! Die Geschichte der Potsdamer Lichtspieltheater. Filmblatt-Schriften von CineGraph Babelsberg, Bd. 10.

Toussaint, Jeanette: „‚Möge der Frauenverein blühen und gedeihen in alle Zukunft!‘ Der Israelitische Frauenverein Potsdam und dessen Vorsitzende Anna Zielenziger“. In: Elke-Vera Kotowski (Hrsg.): Salondamen und Frauenzimmer. Selbstemanzipation deutsch-jüdischer Frauen in zwei Jahrhunderten. Berlin/München/Boston 2016, S. 53-65.

Toussaint, Jeanette: Privates Archiv.

Toussaint, Jeanette: Zwischen Tradition und Eigensinn. Lebenswege Potsdamer Frauen vom 18. bis 20. Jahrhundert. Autonomes Frauenzentrum Potsdam e.V. (Hrsg.). Potsdam 2009, S.17-28, 54-69.

ViP Ziele: Der Trolleybus in Potsdam. Seine Entwicklung bis zur Gegenwart. Nr. 2/1992, S. 2.

Werner, HptFw und Scholl, OL: Geschichte der Artillerie. URL: https://feldartilleriebataillon210.de/html/body_geschichte_artillerie.html. Abgerufen am 14.03.2021.

Wiederaufbau Garnisonkirche Potsdam: „Geschichte“. URL: https://garnisonkirche-potsdam.de/das-projekt/geschichte/. Abgerufen am 24.05.2021.

Wikipedia: „Bahnhof Potsdam Pirschheide“. URL: https://de.wikipedia.org/wiki/Bahnhof_Potsdam_Pirschheide. Abgerufen am 21.04.2021.

Wikipedia: „Durchgangslager Westerbork“. URL: https://de.wikipedia.org/wiki/Durchgangslager_Westerbork#:~:text=Das%20Polizeiliche%20Judendurchgangslager%20Westerbork%20war,Juden%20in%20andere%20Konzentrations-%20und. Abgerufen am 29.04.2021.

Wikipedia: „Liste der Baudenkmale in Potsdam/D“. URL: https://de.wikipedia.org/wiki/Liste_der_Baudenkmale_in_Potsdam/D. Abgerufen am 21.04.2021.

SIE WOLLEN NOCH MEHR ÜBER

Potsdam

WISSEN?

Hier gibt es sachkundige Informationen:

Ev. Friedhof Potsdam-Bornstedt
Der mehr als 400 Jahre alte Friedhof steht mit all seinen fünf Teilen unter Denkmalschutz und gehört zum UNESCO-Welterbe. Auch heute finden hier noch Bestattungen statt, zudem besteht die Möglichkeit der Übernahme von Grabpatenschaften.
Führungen jeden 1. Samstag im Monat um 14.30 Uhr; Teilnahme 5 €, ermäßigt 3 €.
Eichenallee 70,
14469 Potsdam
Telefon: 0178 / 4734354
E-Mail:
fuehrungen.bornstedt@
evkirchepotsdam.de
Homepage: https://kirchenkreis-potsdam.de/wer-wir-sind/gemeinden/bornstedt/friedhof-bornstedt.htm

Susanne K. Fienhold Sheen
Potsdams Schönheit und Geschichte bei einer individuellen Stadtführung entdecken. Die Stadtführerin lebt seit vielen Jahren in Potsdam und zeigt den Gästen gerne persönlich die Facetten der Stadt.
Telefon: 0177 / 880 57 80
E-Mail: kontakt@visit-potsdam.de
Homepage: www.visit-potsdam.de

Dr. Wolfgang Grittner
Führungen zur Ortsgeschichte von Marquardt (Schloss, Park, Kirche)
Im Park 1,
14476 Potsdam OT Marquardt
Telefon: 033208 / 57279
E-Mail: wolfgang.grittner@gmx.de

Dörthe Kuhlmey
FrauenOrte-Führungen durch Potsdam, Umgebung und im Land Brandenburg, auch für Kinder und Jugendliche - mit Spaß, Leichtigkeit und Begeisterung.
Stadtführungen auch auf Englisch!
Telefon: 0176 / 21 00 37 38
Homepage:
www.potsdam-stadtfuehrung.de

Robert Leichsenring / Reiseagentur „Fritz & Peter"
Die auf Individual-Besucher spezialisierte Agentur bietet Stadt- und Parkrundgänge zu verschiedenen Themen der Potsdamer Geschichte auf Deutsch, Russisch und Englisch an. Ebenfalls im Angebot sind Stadtrundfahrten mit historischen Straßenbahnen und Bussen.
Telefon: 0331 / 979 14 39
E-Mail: info@fritz-und-peter.de
Homepage: www.fritz-und-peter.de

Postcolonial Potsdam
Gruppen oder Einrichtungen können Rundgänge zu kolonialen Spuren im Park Sanssouci buchen.
E-Mail: postcolonial.potsdam@posteo.de
Einzelne Interessent*innen dürfen gerne unsere Audio-guide-App benutzen: map.postcolonialpotsdam.org
Homepage:
https://postcolonialpotsdam.org

Publikationen:

Hauff, Gottfried, Prof., in ÜBER-Eck: Zum Umgang mit dem Mosaik am Potsdamer Rechenzentrum, Dokumentation Symposium 28. – 29. 02. 2020; FÜR e.V. (Herausgeber), Potsdam März 2021.

Jary, Micaela: Das Kino am Jungfernstieg. München 2021.

Marly, Michelle: White Christmas. 2020.

Marly, Michelle: Romy und der Weg nach Paris. 2021.

Toussaint, Jeanette: Komm mit ins Kino! Die Geschichte der Potsdamer Lichtspieltheater. Filmblatt-Schriften Nr. 10. Hg. von CineGraph Babelsberg. Berlin 2010.

Toussaint, Jeanette: Frauen! Fordert das Wahlrecht! Internationale Vorkämpferinnen & Politikerinnen in Potsdam und Brandenburg. 1791 bis 1933. Hg. vom Frauenzentrum Potsdam 2019.

Toussaint, Jeanette: Kino in der Filmstadt Babelsberg. Hundert Jahre Thalia. Potsdam 2018.

Toussaint, Jeanette: Ich bin für Potsdam das rote Tuch. Anni von Gottberg und die Bekennende Kirche. Wilhelmshorst 2011.

Toussaint, Jeanette: Zwischen Tradition und Eigensinn. Lebenswege Potsdamer Frauen vom 18. bis 20. Jahrhundert. Hg. vom Frauenzentrum Potsdam 2009.

Besuchen Sie uns im Internet: **www.bast-medien.de**

Haftungsausschluss

Trotz intensiven Austauschs mit unseren Gesprächspartnern, gewissenhafter Literaturrecherche und aufmerksamem Korrekturlesen erheben wir weder einen Anspruch auf Vollständigkeit noch auf Fehlerlosigkeit. Wir haben streng darauf geachtet, keine Urheberrechte zu verletzen, unsere Recherchen sind nach bestem Wissen und Gewissen erfolgt. Dennoch übernehmen wir keinerlei Gewähr für die Aktualität, Korrektheit oder Vollständigkeit der bereitgestellten Informationen. Haftungsansprüche gegen uns schließen wir grundsätzlich aus.

Wir tragen unsere Stadt

Die Kulturerben Potsdam
sind das Netzwerk der Initiativen
und Vereine, die sich ehrenamtlich
für die Denkmale der Potsdamer
Bau-, Technik- und Gartenkultur engagieren

EVA-MARIA BAST | JOCHIM STOLTENBERG
Berliner
Geheimnisse
50 SPANNENDE GESCHICHTEN AUS
DER DEUTSCHEN HAUPTSTADT
Berliner Morgenpost
AUS DER PREISGEKRÖNTEN BUCHREIHE
Geheimnisse der Heimat

Blick ins Buch
Berliner Geheimnisse

02

Rote Farbspuren

Die letzten Spuren des Widerstands

Es ist einfach überwältigend! Wer die Zionskirche betritt, wird sofort von ihrem Zauber gefangen genommen. Der Geist derer, die hier wirkten, scheint noch aus jeder Ritze dieses Gemäuers zu atmen: der von Dietrich Bonhoeffer (1906–1945), dem großen Vertreter der Bekennenden Kirche, der hier 13 Jahre, bevor er von den Nazis ermordet wurde, arbeitete. Der von der Roten Kapelle (siehe Geheimnis 48). Und der von den Mitgliedern der Umweltbibliothek. Letztere haben ein ganz besonderes Erinnerungsstück in der Kirche hinterlassen, wenn auch sicher ungewollt: Auf dem Holzfußboden der Empore finden sich rote Farbkleckse. Wenn man ganz genau hinsieht, kann man – in roter Farbe – sogar das Wort „Freiheit" erkennen. Denn streng genommen sind es gar keine Farbkleckse, sondern Farbe, die sich durchdrückte, als die Mitglieder der Umweltbibliothek hier ihre Transparente malten.

„Das war während des Widerstands, vor dem Mauerfall", erzählt Marita Filipowsky, die vor einem Jahrzehnt nach Berlin gezogen ist und ihre neue Heimat gleich zu erkunden begann, indem sie in Hinterhöfe ging, jeden Winkel erforschte, neugierig war. So hat sie auch die roten Farbüberreste entdeckt.

Die Mitglieder der am 2. September 1986 gegründeten Umweltbibliothek nutzten in den Jahren 1986 bis 1990 Räumlichkeiten im Keller des Gemeindehauses der Zionskirchengemeinde, die ihnen der Pfarrer zur Verfügung gestellt hatte. Das war die einzige Möglichkeit für sie, denn nur die Kirchen konnten in der DDR Oppositionellen Räumlichkeiten überlassen. Die Umweltgruppe sammelte Bücher und Zeitschriften, die sich mit den Themen Umwelt und Menschenrecht befassten, aber in der DDR meist verboten waren. Außerdem trafen sich hier Oppositionelle, es gab Diskussionsrunden, Vorträge, Konzerte und Filmveranstaltungen. Die Umwelt-Bibliothek gab die „Umweltblätter" und ab Herbst 1989 die Nachfolge-Zeitschrift

Marita Filipowsky kennt die Geschichte, die hinter diesen Farbspuren steckt. Hier mischen sie sich auf spannende Weise mit dem Licht, das durch die farbigen Fensterscheiben fällt.

„telegraph“ heraus. Die Blätter widmeten sich Themen, die in den staatlich gesteuerten Medien keinen Niederschlag fanden: Umweltschutz, Bürgerrechte, Menschrechte, Friedensbewegung. Wer Mitglied der Umwelt-Bibliothek war, setzte sich für Freiheit, Gleichheit und Gerechtigkeit ein, kämpfte gegen Ausbeutung und Unterdrückung. Besonders, daher der Name, machten sich die Aktivisten auch für den Umweltschutz stark und waren gegen die Nutzung der Atomkraft. „Ihr Hauptanliegen bestand darin, Öffentlichkeit herzustellen, ‚verbotene' oder in der DDR nicht zugängliche Literatur zur Verfügung zu stellen, Untergrundpublikationen zu drucken und zu verbreiten, Veranstaltungen zu Themen durchzuführen, die in der offiziellen Öffentlichkeit tabuisiert waren, sowie eine Art Vernetzungsfunktion für die Opposition in der DDR wahrzunehmen“, heißt es auf der Homepage des Bundesbeauftragten für die Unterlagen des Staatssicherheitsdienstes der ehemaligen Deutschen Demokratischen Republik.

Das F und das R lassen sich gut erkennen: die ersten beiden Buchstaben des Wortes „Freiheit".

„Die Stasi bespitzelte sie zwar, aber es blieb lange ruhig“, sagt Marita Filipowsky. Bis zum 25. November 1987. Da veranlasste das Ministerium für Staatssicherheit (MfS) die „Aktion Falle“, eine groß angelegte Razzia. Der Grund: Das MfS hatte die Information erhalten, dass in jener Nacht das illegale Blatt „Grenzfall“ gedruckt werden sollte. Als die Mitglieder des MfS in die Räume der Kirchengemeinde eindrangen, fanden sie die Mitarbeiter der Umweltbibliothek auch tatsächlich beim Druck vor, aber sie vervielfältigten keineswegs den „Grenzfall“, sondern die „Umweltblätter“ und die waren halbwegs geduldet. Dennoch kam es zu Verhaftungen.

Diese Ereignisse machten die Umweltbibliothek mit einem Schlag bekannt – auch im Westen. Und die Menschen in der DDR standen auf und bekundeten ihre Solidarität mit den Inhaftierten, die bald darauf wieder freigelassen wurden. Die Bewegung bekam Zulauf, 1989, im Jahr des Mauerfalls, waren es zahlreiche Aktivisten der Umwelt-Bibliothek, die auf die Straße gingen, ihren Protest kundtaten, Mahnwachen hielten.

Wann genau die Mitglieder der Umweltbibliothek die Empore der Kirche nutzten, um dort ihre Transparente zu malen, kann Marita Filipowsky nicht mit Bestimmtheit sagen.

„Die Stasi bespitzelte sie zwar, aber es blieb lange ruhig."

„Irgendwann wurde es wahrscheinlich zu gefährlich, Farben und Transparente im Gemeindehaus zu lagern bzw. sie dort herzustellen", sagt sie. „Deswegen ist man in die Kirche ausgewichen." Aber hätte da nicht auch die Stasi kommen können? Hätte sie, aber es gibt noch ein Geheimnis: „Ein loses Brett in den Dielen", erklärt die Wahl-Berlinerin: „Dort wurden Farben und Pinsel aufbewahrt." Und es gab einen großen Teppich, der den Boden der Empore normalerweise bedeckte. „Man hätte den Teppich im Notfall schnell ausrollen und die Plakate und Transparente damit bedecken können."

Heute liegt kein Teppich mehr auf der Empore. Zum Glück, denn so kann man sie noch erkennen, die schwachen roten, an manchen Stellen auch schwarzen Farbabdrücke von den Transparenten, die die Aktivisten damals im Wunsch nach dem Einen gemalt hatten: Freiheit!

Eva-Maria Bast

So geht's zu den roten Farbspuren:

Die Farbenreste sind auf der Empore der Zionskirche zu finden. Die Kirche steht in der Zionskirchenstraße.

Spannende Frauenbiographien:

Historische Lebensbilder **aus vielen Städten:**